Martin Droschke und Norbert Krines

111
deutsche
Craft Biere,
die man getrunken
haben muss

111

emons:

Bibliografische Information der Deutschen Nationalbibliothek
Die Deutsche Nationalbibliothek verzeichnet diese Publikation
in der Deutschen Nationalbibliografie; detaillierte bibliografische
Daten sind im Internet über http://dnb.d-nb.de abrufbar.

© Emons Verlag GmbH
Alle Rechte vorbehalten
© der Fotografien: Martin Droschke und Norbert Krines
© Covermotiv: shutterstock.com/Good Job;
shutterstock.com/Kolesov Sergei; shutterstock.com/bsd
Layout: Eva Kraskes, nach einem Konzept
von Lübbeke | Naumann | Thoben
Kartografie: altancicek.design, www.altancicek.de
Kartenbasisinformationen aus Openstreetmap,
© OpenStreetMap-Mitwirkende, ODbL
Druck und Bindung: CPI – Clausen & Bosse, Leck
Printed in Germany 2018
ISBN 978-3-7408-0338-4
Originalausgabe

Unser Newsletter informiert Sie
regelmäßig über Neues von emons:
Kostenlos bestellen unter
www.emons-verlag.de

Vorwort

Gestern noch war die Welt des Bieres so herrlich einfach strukturiert, dass wir uns nach sechs Halben immer noch blind in ihr zurechtfinden konnten. Im Norden zweifelte niemand daran, dass das Pils das Maß des guten Geschmacks sei, im Süden ließ sich das lebendige Inventar eines Wirtshauses ein Helles oder ein Weizen zapfen – und Ende. Jetzt aber machen sich in den Clubs, Kneipen und Supermärkten immer mehr Fremdwörter breit. Porter, Saison und Pale Ale zum Beispiel. Und es werden immer mehr! Ein Trend aus den USA ist in Bierdeutschland angekommen. Na endlich!

Flaschen, auf denen Begriffe wie Porter stehen, kosten so viel wie ein anständiger Wein, werden von Craft-Beer-Brauern und -Labels befüllt und bieten Geschmackserlebnisse in einer nie da gewesenen Vielfalt und Tiefe. Dieses Buch versteht sich als ein kleiner Führer zu einigen dieser Bierkünstler. Gleichzeitig will es aufklären: über die mit der Craft-Beer-Welle zu uns eingewanderten und deshalb noch ungewohnten Bierstile, das Reinheitsgebot und historische Sorten wie die 1.000 Jahre alte Goslaer Gose, die verschwunden sind und im Zuge der neuen Bierkultur mehr und mehr wiederbelebt werden.

Craft-Beer-Künstler verwenden gern auch mal die zehnfache Menge an Hopfen oder reifen ihre Sude in Holzfässern, die mit Whisky vorbelegt waren. Das schmeckt man. Sie scheuen sich nicht davor, auch mal Gurken, Pfefferkörner oder Ingwer mit in den Sudkessel zu werfen. Aber alle halten sich an eine goldene Regel: keine künstlichen Aromen, keine Tricks aus dem Zauberkasten der Lebensmittelindustrie. Viele von ihnen sind Quereinsteiger. Andere entstammen Familien, die das Bierhandwerk seit Generationen pflegen. Probieren Sie sich durch ihre Kreationen. Halten Sie, wo auch immer Sie unterwegs sind, links und rechts des Wegs Ausschau, denn es gibt noch viel mehr zu entdecken. Ihre Geschmacksknospen werden begeistert sein.

111 Craft Biere

1 __ Sunny Ale
Die Kunst der Leichtigkeit

War es ein bayerischer Almwirt, der kaum noch Bier auf Lager hatte? Oder waren es die für ihre kulinarischen Entgleisungen berühmten Engländer? Oder die vom Schietwetter gequälten Hamburger mit ihren Gelüsten auf Süßes? Die Frage, wo zum ersten Mal Bier mit Limonade gestreckt wurde, gehört zu den Zankäpfeln der Historiker.

Unstrittig aber ist, dass die Zahl der Brauer wächst, die das Radler, das Alsterwasser und den Russ als Beleidigung empfinden. Sie kontern das stichhaltige Argument, dass ihre Kunst an heißen Sommertagen sofort zu Kopf steige, mit Leichtbieren, die nur um die 3,3 % Alkohol enthalten. Dem Münchner Kollektiv 3Brew ist es sogar gelungen, die Rauschwirkung auf 3,0 % abzusenken. Ohne zu tricksen. Und ohne dass sich ihr »Sunny Ale« hinter einem handwerklich soliden, echten Hellen verstecken müsste. Der größte Unterschied: Von diesem Blonden kann man viel mehr trinken.

Es waren persönliche Motive, die Architekt Christian Rogner und David B. Walker, damals noch Betreiber des Münchner Vorzeige-Dance-Clubs »Registratur«, auf die Suche nach einem Anti-Radler schickten. Rogner hatte sich bei einer Asien-Reise darüber geärgert, dass er nur zwischen chemischen Softdrinks wählen oder sich betrinken konnte. Walker wollte all jene Wirte erlösen, die von 11 Uhr früh bis weit nach Mitternacht mit den Gästen mittrinken müssen. Als sie auf Braugenie Tilman Ludwig trafen (siehe Kapitel 98), heilte sie dieser von der Idee eines Bier-Saft-Verschnitts. 2015 präsentierte das Trio die Tüftelei »Sodabier«. Zwei Jahre später brachten sie mit dem »Sunny Ale« ein Update heraus, das dank der zusätzlich verwendeten Hopfensorte Citra noch frischer mundet und nicht mehr filtriert wird. Seine Leichtigkeit basiert auf scharfen Temperaturwechseln beim Kochen der Maische. Mit 8,2 % hat das »Sunny Ale« gerade noch genug Stammwürze, dass die Hefe es als etwas Vergärbares erkennt.

Adresse 3Brew, Pestalozzistraße 24, 80469 München, Tel. 0172/8606765, www.sunny-ale.de | **Bierprofil** Sunny Ale, selten einmalige Sondersude | **Bezug** Ausschank- und Verkaufsstellen auf der Website, deutschlandweit im Fachhandel | **Tipp** 3Brew nutzt für das Sunny Ale das Sudhaus der oberbayerischen Privat-Brauerei Weißbräu Schwendl, die unter anderem ihren edlen Weizenbock »Don Impala« im Holzfass zum »Don Impala Barrique« ausbaut.

2 ApriGose

Süßes oder Saures?

In jeder Familie gibt es feste Termine, zu denen jeder alles stehen und liegen lässt, um Zeit mit seinen Liebsten zu verbringen – Weihnachten, Ostern, Omas Geburtstag. In den Kalendern der deutschen Kreativbrauer sind vergleichbare Pflichttage angestrichen, die Szene ist nach wie vor überschaubar, man kennt sich, muss sich auf den großen Bierfestivals wie der Mainzer CraftBeerMesse präsentieren, auch, um hinter den Kulissen den nächsten Gemeinschaftssud auszuhecken – ein kollektiver Kater am Morgen danach vertieft die Brüderschaft. Und wie in jeder Sippschaft gibt es auch bei den Braurebellen so etwas wie die lieben Neffen, noch grün hinter den Ohren, und die weisen Alten, deren Wort Gewicht hat. Zu Letzteren zählt Fritz Wülfing. Seine »FritzALEs« gelten als Meilensteine, die Gleichgesinnten und Neueinsteigern den Weg gewiesen haben. Seit einer Markenschutz-Klage von Fritz Cola sind sie unter dem Namen »Ale-Mania« in aller Munde.

Auf einer Reise durch die USA hatte sich »der Fritz«, wie ihn alle nennen, als einer der Ersten den Virus des Homebrewings eingefangen. Bereits 1988 nahm er eine Hobbyanlage in Betrieb, um sich fortan jenseits der engen deutschen Geschmacksgrenzen zu bewegen. Wie das geht, hat er sich mit Ausnahme eines Praktikums bei der Berliner Schultheiss-Brauerei selbst beigebracht. Parallel zu seinem Brotberuf als Verfahrenstechniker bei der Deutschen Telekom.

Ein Steckenpferd von Fritz Wülfing sind heimische Bierstile, die mit dem 1952 in der BRD über ein Biersteuergesetz eingeführten Reinheitsgebot illegal geworden waren. Die Gose zum Beispiel, mit der bereits Kaiser Otto III. (980 – 1002) seinen Durst gelöscht haben soll. Eigentlich ein Sauerbier. Aber Fritz Wülfing hat auch eine süße Variante im Portfolio. Bei ihr kontern frisch pürierte Aprikosen die intensive Säure. Eine Gose enthält Salz und Koriander und wird auch mit Milchsäure vergoren.

ZUTATEN: WASSER
GERSTENMALZ
(PILSNER MALZ)
WEIZENMALZ
HOPFEN
MILCHSÄURE
Koriander, Meersalz
Aprikosenpüree
UND HEFE

14 IBU – 12° PLATo
INHALT: € 0,33 l

4 260482 160210

HANDWERKLICH GEBRAUT UND ABGEFÜLLT
DURCH DIE BIERSMARCK GMBH
ALAUNBACHWEG 10 53229 BONN

Adresse Ale-Mania, Alaunbachweg 10, 53229 Bonn, Tel. 0160/3658096, www.ale-mania.de |
Bierprofil Als alten deutschen Bierstil gibt es neben der klassischen Gose und der ApriGose
das Bonner Wieß, ein unfiltriertes Obergäriges nach Art eines Kölsch. | **Bezug** Ausschank-
orte und Bezugsquellen auf der Website, deutschlandweit im Fachhandel | **Tipp** Auf der
Mainzer CraftBeerMesse schenken jeden Herbst rund 50 bis 70 Bierkünstler ihre neuesten
Kreationen aus. Besonderes Highlight des Festivals ist ein Wettbewerb für Hobbybrauer, für
den ein Bierstil als Thema vorgegeben wird (www.craftbeermesse.de).

3__Milk Stout

Empfohlen zu Desserts und Kuchen

Einen Brewpub, einen stylishen Brauereiausschank, müsste es noch geben, dann wäre Fritz Wülfings Manufaktur perfekt. 2015 hat sich die Craft-Beer-Legende im rechtsrheinischen Bonner Randbezirk Pützchen eingerichtet. Nach langen Jahren, in denen sich der Mitbegründer der neuen deutschen Bierbewegung für seine US-inspirierten India Pale Ales und Co. am Wochenende zunächst im Siegburger Brauhaus und dann in Hagen in der Vormann Brauerei eingemietet hatte. Gut möglich, dass es den Gastraum inzwischen gibt und der Autodidakt, der nicht wirklich gern im Rampenlicht steht, endlich optisch kenntlich gemacht hat, wo genau die flüssigen Vorbilder einer ganzen Generation an Braurebellen entstehen, damit die Durstigen den Weg zu seinen Zapfhähnen finden.

In Wülfings Brauerei Ale-Mania sieht es anders aus als bei den meisten seiner Kollegen. Vergeblich sucht der Laie nach einem schicken, mit einer Haube überwölbten Kupferbottich, aus dem ein Rohr aufsteigt. Alles atmet den Charme einer viel zu großen Hobbybrauerei. Der Ingenieur hat sich seine Anlage mit eigener Hand maßgeschneidert. Ein alter Milchtank wurde zum Sudkessel umfunktioniert und mit Heizelementen versehen. Noch ein paar Gärtanks und eine Kühlzelle für die Lagerung – fertig.

Im Vergleich zu den Hightech-Kompaktanlagen, für die Start-ups viel Geld von ihrer Bank zu leihen bereit sind, wirkt das wie ein Lob auf die Fähigkeit der Steinzeitmenschen, mit nichts wirklich alles herzustellen. Eine Variante des cremigen Bierstils Stout zum Beispiel, der Milchzucker zugegeben wird. Der Clou: Bierhefen können Laktose nicht vergären. Man denke sich ein tiefschwarzes, schwer malziges Dunkles und die für den altehrwürdigen britisch-irischen Nahrungsersatz typischen intensiven Schokoladen- und Espressoaromen. Diesen Geschmack kreuze man mit einem großzügig gesüßten Milchkaffee. Göttlich! Ideal für einen trägen Sonntagnachmittag: Passt perfekt zu Torte und Kuchen.

Adresse Ale-Mania, Alaunbachweg 10, 53229 Bonn, Tel. 0160/3658096, www.ale-mania.de |
Bierprofil Von der US-Bierkultur inspiriert sind diverse India Pale Ales und das Imperial Red
Ale. | **Bezug** Ausschankorte und Bezugsquellen auf der Website, deutschlandweit im Fach-
handel | **Tipp** In der alten Hauptstadt lebt es sich gut! Mit P&M Getränke besitzt Bonn
einen mehr als perfekt sortierten Fachhändler für außergewöhnliche Biere (Elsässer Straße 33,
Bad Godesberg).

4_ Sommerwiese

Heumilch aus Weizen

Wo die Kühe glücklich sind, weil sie den Sommer oben im Gebirge verbringen, in Bayerns weltvergessenem Südosten, dem Allgäu, liegt eine Braustätte, die einen Superlativ für sich reklamiert. 300 Meter über dem Urlaubsdorf Burgberg hat Hans-Hermann Höß im Häuschen eines ehemaligen Skilifts, mit dem die Eltern seines Brauers Berni Göhl dereinst Wintertouristen auf die Piste gezogen haben, Deutschlands höchstgelegene Sudstätte eingerichtet. Die Gourmet-Kreationen von Alms Craft Beer entstehen an der Flanke eines alpinen Riegels, des Grünten.

Da möchte man natürlich sofort wandern gehen, nach einem kräftezehrenden Aufstieg auf einer Bank sitzen und sich ein Glas der »Sommerwiese« servieren lassen, eines hopfengestopften Weizens, dessen sensationelle Aromenfülle sich längst bis in die norddeutsche Tiefebene herumgesprochen hat. Es heißt, der Trunk sei ein Kunstwerk, weil er die Aura der Alpen so detailliert wiederzugeben vermöge, dass ein Biologe ganz genau herausschmecken könne, welche Pflanzen sich auf 1.000 Meter Höhe die Wiesen miteinander teilen.

Doch entgegen der Vermutung, eine Skihüttenbrauerei hätte selbstverständlich Tische vor der Tür, bleibt die Kehle vor Ort trocken. Möglicherweise auch deshalb, weil bei 7 % Alkohol zu befürchten ist, dass die Gäste auf dem steilen Heimweg abstürzen.

Das mit dem Kunstwerk aber – wow! – kann man nur bestätigen. Aus dem Glas steigt Blumennektar in die Nase, der auf Bienen wartet. Der Mundraum füllt sich zunächst mit jenen Aromen, die ganze sechs Hopfensorten in das Bier hineingetragen haben: Kräuter und Gräser, dazu allerlei wilde Beeren. Dann erreicht auch die Hefe die Geschmacksknospen, verbreitet die angenehme Wärme wiederkäuender Rinder und den Duft von Moos und Heu. Wer noch nie auf einer Alm gerastet hat, mit diesem Bier kann er sich dorthin beamen. Der Unterschied zu einem konventionellen Weißbier ist eklatant.

Adresse Alms Craft Beer, 87545 Burgberg im Allgäu, Tel. 08376/9289610, www.alms-beer.com | **Bierprofil** Sommerwiese, Hüttenzauber (Bock), Jahrgangsbier (Triple) | **Bezug** Bezugsquellen auf der Website, deutschlandweit im Fachhandel | **Tipp** Alms Craft Beer ist der Edel-Ableger der Allgäuer Traditionsbrauerei Höss, die für ihren dunklen Doppelbock »Doppel-Hirsch« beim Meininger International Craft Beer Award zweimal in Folge mit Gold ausgezeichnet wurde.

5__ Brr Grr

Ein Fläschchen Fleischeslust

Durch das Deutschland der bewussten Ernährung geht ein Riss. Unter Hardlinern fleischloser Kost wird darüber debattiert, ob Bier eigentlich vegan sei. Schließlich muss bei seiner Herstellung ein Lebewesen sterben, die Hefe. Auf der anderen Seite stehen immer mehr Damen und Herren an Hightech-Grillgeräten, sommers wie winters. Einen ganzen Tag lang gegartes Pulled Pork. Sündteures dry-aged Beef aus Südamerika. Fehlt nur noch das passende Bier. Natürlich hat es ein Craft-Label längst entwickelt.

Das Brr Grr von And Union macht keinen Hehl daraus, welches Fleischgericht es begleiten will. Man spreche seinen kruden Namen laut aus, höre gut hin – dann hat man die Speiseempfehlung verstanden. Aber bitte nicht die in labbrige Brötchen geklemmte Fast-Food-Variante! Damit würde man das hellbraune, 5,5 % starke Ale beleidigen, das die Aromen von Pinie und Aprikose mit Nuss- und Kräuternoten und einem Hauch von Karamell kombiniert.

And Union ist keine Brauerei im konventionellen Sinn. Wie auch viele Grilltrends stammt das futuristische Konzept, mit dem sie seit 2007 die Bierwelt aufrollt, nicht aus Deutschland. Ihr Aushängeschild heißt Rui V. Estevez. Der gebürtige Portugiese zog zunächst in Südafrika eine Coffeeshop-Kette hoch. Sie lieferte ihm das Kapital, um mit seinem Vater Manuel Estevez und Bradley J. Armitage ein Bierlabel zu gründen, das sich weltweit vorübergehend in den Sudhäusern anderer einmietet. Anfangs konzentrierte sich das Trio auf Belgien, verschiffte seine Kreationen von dort an das Kap der Guten Hoffnung, nach China und England. Nachdem man in Berlin sondiert hatte, ließ sich And Union schließlich dauerhaft in München nieder, denn im dortigen Umland ballen sich kleine Brauereien, die Kapazitäten frei haben.

Der Standort passt, denn selbstverständlich harmoniert das Brr Grr auch perfekt mit den Leibspeisen der Bayern: Schweinsbraten, Haxe – kaum Gemüse, aber ganz viel Fleisch.

Adresse And Union, Ganghoferstraße 31, 80339 München, www.andunion.com |
Bierprofil Brr Grr, Unfilt Lager (unfiltriertes Helles), Neu Blk (unfiltriertes Dunkles),
Beast of the Deep (unfiltrierter heller Bock), Steph Weiss (Weizen), Summer (Weizen-
Ale), Sunday (Pale Ale), Friday (India Pale Ale) | **Bezug** deutschlandweit im Fachhandel |
Tipp Aus Sicht der Mehrheit der Veganer ist Bier okay, wenn es nach dem Reinheitsgebot
gebraut wird. Das irische Guinness ist es erst seit Ende 2017. Bis dahin wurde das cremige
Schwarze mit der Schwimmblase von Fischen geklärt.

6 — Lower Bavarian Farmhouse

Seltenes Malz, Gott erhalt's

Als Josef Hirz 1890 in Hauzenberg, einem Luftkurort im äußersten Südosten Bayerns, von der Wagnerei auf das Braugewerbe umsattelte, hatte er von Bier nur mäßig viel Ahnung. Besser gesagt: Er beherrschte sein Handwerk so schlecht, dass seine Sude niemandem schmeckten, aber jedermann Durchfall von ihnen bekam. Hirz, so der Gründungsmythos des kleinen, feinen Apostelbräu, den sein Ururenkel zu erzählen nicht müde wird, pries sie deshalb so lange als Heilmittel an, bis ihm geglaubt wurde.

Exakt 99 Jahre später beschlossen Max und Rudolf Hirz, in die Fußstapfen ihres Ahnherrn – Spitzname »Apostel von Hauzenberg« – zu treten. Unter Zuhilfenahme der Schriften Hildegard von Bingens, der Lichtgestalt der Naturmedizin, tüftelten sie an einem Bier, das völlig aus dem Rahmen fiel, denn es basierte nicht auf Gerste oder Weizen, sondern auf Dinkel.

Seiner Liebe zu alten Getreidesorten ist Rudolf Hirz, der das Apostelbräu seit 2005 im Alleingang führt und um ein Museum, ein Restaurant und zuletzt eine Whiskydestillerie erweitert hat, bis heute treu geblieben. In seinen traditionellen Sorten stecken Hafer, Emmer, Roggen und Einkorn. Kein Wunder, dass ihm auch ein Bierstil exzellent gelungen ist, der hierzulande schon deshalb als Craft Beer gilt, weil er aus Belgien importiert wurde.

Das Farmhouse Ale, auch unter dem Namen Saison bekannt, ist weniger durch eine konkrete geschmackliche Grundrichtung als durch die Umstände definiert, unter denen es gebraut wird. Es war das Bier, mit dem die Bauern ihre Mägde und Knechte den Sommer über bei Laune hielten, und wurde auf dem Hof aus dem hergestellt, was dort gerade an Getreide verfügbar war. Gut verträgliche 5 % Alkohol, eine nur dezente Hopfung und eine Mischung aus Emmer-, Gersten-, Weizen- und Dinkelmalzen verleihen dem Lower Bavarian Farmhouse des Apostelbräu eine fruchtige Süße und einen sympathisch milden Charakter.

Adresse Apostelbräu, Eben 11–13, 94051 Hauzenberg, Tel. 08586/2200, www.apostelbraeu.de |
Bierprofil Lower Bavarian Farmhouse, Pale Ale, Spelt Ale, Dinkelbier, Emmerbier, Roggen-
bier, Einkornbier, 5-Korn-Bier, Schwarzer-Hafer-Bier, drei im Whisky- beziehungsweise
Rumfass gereifte Sorten | **Öffnungszeiten** Brauereirestaurant: Mo–Sa ab 17 Uhr, So auch
11–13.30 Uhr, Brauerei- und Dinkelmuseum: Mo–Fr 10–12 und 14–17 Uhr, Sa 10–12 Uhr |
Bezug Onlineshop auf der Website | **Tipp** Außergewöhnliche Getreidesorten prägen auch das
Sortiment des Neumarkter Lammsbräu – in Bio-Qualität. Das Farmhouse-Ale dieser Brauerei
aus der bayerischen Oberpfalz hat 8 % und ist mit den Sorten Saphir, Hallertauer Blanc und
Cascade gehopft.

7__Original Leipziger Gose
Sauer über die Mär von 1516

Vorsicht, jetzt kommt Blasphemie! Gegen Bierdeutschlands größtes Heiligtum, das Reinheitsgebot. Sie ist nötig. Wegen des allgemein verbreiteten Halbwissens, das uns die Industriebrauereien seit Jahrzehnten als die ganze Wahrheit verkaufen. Ein Beispiel: Der Gleichung Hopfen + Malz + Wasser = Bier zufolge kann die traditionelle Leipziger Gose gar nicht existent sein. Trotzdem wird die Blondine von der Leipziger Brauerei Bayerischer Bahnhof unentwegt ausgeschenkt. Wer's nicht glaubt, suche die gleichnamige, nach dem Ausgangspunkt einer Zugstrecke benannte Gaststätte auf und gönne sich ein Gläschen.

Erfunden wurde der erfrischende Durststiller in der damaligen Kaiserpfalz Goslar, das genaue Alter der Gose ist unbekannt, man nimmt an, dass sie bereits vor 1.000 Jahren kredenzt wurde. 1375 regelte Johann I. von Anhalt-Zerbst in einem Erlass, woraus man sie zu brauen hatte. Unser heutiges, gern als »älteste Lebensmittelverordnung der Welt« tituliertes Reinheitsgebot stammt erst von 1516. 1824 eröffnete in Döllnitz bei Halle in der heutigen Gosestraße die erste regionale Gosebrauerei. Bis weit ins 20. Jahrhundert hinein war Leipzig die wohl einzige Stadt in Deutschland, in der das moderne Lagerbier nicht die Oberhand gewinnen konnte. Erst zu DDR-Zeiten, als das Brauwesen verstaatlicht und dann auch noch zentralisiert wurde, verschwand die Gose für zwei Jahrzehnte aus den Zapfhähnen.

Warum dieser selbst von Feinschmecker Johann Wolfgang von Goethe schwer geschätzte Biertyp dazu geeignet ist, an der Legende vom allein selig machenden Reinheitsgebot zu rütteln? Gose enthält Koriander. Gose enthält Salz. Gose wird nicht nur mit Hefe, sondern auch mit Milchsäure vergoren. Deshalb schmeckt sie stark säuerlich. Man braucht ein, zwei Gläser, bis man sie zu schätzen weiß. Dann aber liebt man ihre edle Derbheit: nicht so etepetete wie Champagner, aber mindestens so belebend.

Adresse Bayerischer Bahnhof, Bayrischer Platz 1, 04103 Leipzig, Tel. 0341/1245760, www.bayerischer-bahnhof.de | **Bierprofil** helle Gose, Weizen, Dunkles, Pils, saisonal: dunkler Bock, Berliner Weiße | **Öffnungszeiten** Braugasthaus: täglich ab 11 Uhr | **Bezug** Onlineshop auf der Website, deutschlandweit im Fachhandel | **Tipp** 1999, ein Jahr vor dem Bayerischen Bahnhof, feierte Leipzig den ersten offiziellen Sud der Original Ritterguts Gose, die allerdings in Chemnitz gebraut wird.

8__ Pale Ale

Wer beliebt sein will, muss scheitern

Auch wenn viele Bezirke eine Erhebung im Namen tragen, Berlin ist platt wie ein Pfannkuchen. Und auf Sand gebaut. Trotz dieses Handicaps wühlten sich die Ingenieure des 19. Jahrhunderts überall dort, wo das Bodenrelief eine Welle bildet, in den Untergrund. Die 1888 im Prenzlauer Berg hochgezogene Schneiderbrauerei bekam in sechs Metern Tiefe ein Labyrinth aus Kühlkellern. Als sich 1931 Hitlers Mannen oben mit den Kommunisten prügelten, nutzte es Joseph Goebbels zur Flucht. Ähnliches gibt es auf dem Rollberg in Neukölln, wo die alte Kindl-Brauerei heute Freunde zeitgenössischer Kunst entzückt.

Nur einen Steinwurf vom Rollberg entfernt gründeten 2015 Uli Erxleben, Finn Hänsel und Robin Weber, die sich zuvor bei einem Projektinvestor für Online-Start-ups verdingt hatten, das Craft-Beer-Label Berliner Berg. Der Stadt an der Spree die global herausragende Bedeutung zurückgeben, die sie beim Bier einst gehabt haben soll, indem sie die Berliner Weiße wiederauferstehen lassen – Pläne, so hoch gestapelt wie die Geschäfte ihres im Fegefeuer der Insolvenz verpufften Brötchengebers. Richie Hodges wurde vom Wettbewerber Camba Bavaria (siehe Kapitel 27/28) in den Hinterhof der Kopfstraße 59 geholt, wo man ihm ein Sudhaus bauen wollte. Es existiert bis heute nicht. Gebraut wird auf den Anlagen anderer. Längst ohne Hodges. Eröffnen konnte man nur einen Brewpub. Man musste erst einmal den eigenen Blähbauch gesundschrumpfen.

Der Qualität der Biere hat das nicht geschadet. Im Gegenteil. Man hat das wohl unspektakulärste, weil feinst ausbalancierte Pale Ale der Hauptstadt kreiert. Gerade weil es nicht dick mit Hopfen aufträgt, aber auf einem grundsoliden Malzkörper steht, ist es zu einem Klassiker avanciert. Geradlinig, erdig, süffig, mit nur dezent hineingetupften Fruchtaromen. Weniger? Davon bitte mehr! Auch die groß angekündigte Berliner Weiße gibt es übrigens bis heute nicht.

Adresse Berliner Berg, Kopfstraße 59, 12053 Berlin, Tel. 030/64435906, www.berlinerberg.de |
Bierprofil Pale Ale, Lager, Stout, California Wheat (Weizen), saisonale Sondersude |
Öffnungszeiten Brewpub »Bergschloss« mit Shop: Do–So ab 19 Uhr; jeden Samstag Führung durch die Keller der alten Kindl-Brauerei am Rollberg durch den Verein Berliner Unterwelten | **Bezug** Onlineshop und Infos zu Ausschankorten und Verkaufsstellen auf der Website, deutschlandweit im Fachhandel | **Tipp** Auf dem Gelände der alten Kindl-Brauerei wird seit 2009 wieder gebraut. Im kleinen Stil. Die »Privatbrauerei am Rollberg« (Am Sudhaus 3) ist ein Geheimtipp für Freunde von unfiltrierten Lagerbieren.

9__Hoppy Bock
Die neue Lust am strengen Winter

Bier, das ist das Getränk der Rituale. Die meisten von ihnen machen keinen Sinn. Zum Beispiel, dass man sich für das Einschenken eines Pils sieben Minuten Zeit lassen soll – ein Zeremoniell, das schon so manchen Wirt in die Pleite getrieben hat, denn es ist nicht gut fürs Geschäft, den Gästen Angst zu machen, man ließe sie verdursten, oder ihnen ein Nass vorzusetzen, das bereits abgestanden ist. Richtig Spaß hingegen macht der vor allem im Südosten verbreitete Brauch, im Winter mit viel Tamtam und Blasmusik den Start der Bockbier-Saison zu feiern. Draußen vor dem Wirtshaus. Bei Regen oder Schnee. Starkbiere wärmen den Körper von innen. Je kälter, desto nachdrücklicher zeigt sich, was ihre mindestens 6,5 % so alles können. Erfunden wurde das schwer-süße Starkbier, ein Exportschlager des späten Mittelalters, in Einbeck in Niedersachsen.

Es wundert ein wenig, dass die Tradition des Bockbieranstichs im Norden noch auf eine Wiederauferstehung warten muss. Vielleicht liegt es daran, dass die schweren Kaliber dort ganzjährig gebraut werden. So auch an der Spree, wo das 2015 von Benjamin Kohlstadt und Jakob Ustarbowski ins Leben gerufene Label Berliner Bier Barone ein ganz besonders schmackhaftes Exemplar offeriert, den Hoppy Bock.

Obwohl das gefährlich süffige Stöffchen bernsteinfarben aus seinem Glas herausleuchtet, gehört es streng genommen zur Klasse der hellen Böcke. Seine dunkle Aura resultiert aus dem Einsatz des Spezialmalzes Carared. Ebenso der besondere Dreh, dass die für diesen Bierstil typische Süße von verführerischem Karamellaroma durchzogen ist. Damit das mollig-wuchtige Malzbett den Gaumen nicht in den Schlaf reißt, kitzelt ihn der üppig gehopfte Trunk mit einem feinen Zitrus- und Kräuteraroma und einer angenehmen Bittere. Meisterhaft komponiert, die Herren Bier Barone! Jetzt muss nur noch das Wetter mitspielen. Für ein Freiluft-Tasting bei Eis und Schnee.

Adresse Berliner Bier Barone, Mareschstraße 4, 12055 Berlin, Tel. 0177/3717303, www.berlinerbierbarone.de | **Bierprofil** Hoppy Bock, Kiez Pale Ale | **Bezug** Ausschankorte und Verkaufsstellen auf der Website, deutschlandweit im Fachhandel | **Tipp** Im Berliner Szene-Stadtteil Neukölln, wo die Bier Barone ihre Kreationen aushecken, empfiehlt sich das »Lager Lager« (Pflügerstraße 68), eine Kombination aus stylisher Craft-Beer-Bar und Shop. Klein und fein, extrem kompetent.

10__Maple Walnut Stout
Dem Fluch des Wedding entkommen

Berliner Bierfabrik – dieser Name kann nur ironisch gemeint sein, schließlich gilt in der Craft-Beer-Welt beim Thema industrielle Herstellung: schade um die vielen Rohstoffe. Bis 2013 schütteten die drei Freunde Sebastian Mergel, André Schleypen und Julian Schmidt Malz und Wasser nur im ganz kleinen Stil – zum Eigenbedarf – in ihrer WG-Küche zusammen. Ihre Bierchen würzten sie mit Hopfen, den sie selbst auf dem Balkon gezogen hatten. Dann wollten sie sich professionalisieren.

Inspiriert von Gleichgesinnten, starteten sie eine Crowdfunding-Kampagne – und blieben ohne Unterstützung. An diesem Punkt hätte die Geschichte ihrer Brauerei »Bier4Wedding« schon wieder zu Ende sein können. Wären da nicht zwei Investoren aus der Berliner Medienszene eingesprungen. Mit einem Trunk namens »Wedding Pale Ale« machte das Label in der Hauptstadt von sich reden. Außerhalb ließ es sich seltsamerweise kaum vermarkten. Was an seinem Namen gelegen haben könnte. Wer braucht schon öfter als einmal im Leben ein Hochzeitsbier? Seit man sich 2014 – mit Sanni Penack zum Quartett angewachsen – eine 1.000-Liter-Anlage gönnte und deshalb nach Marzahn in die alte Viehbörse umzog, heißt man Berliner Bierfabrik.

Dass echte Handwerkskunst das Anliegen der vier ist, bezeugt das aufwendige Maple Walnut Stout, ein Gemeinschaftssud mit dem Spent Brewers Collective (siehe Kapitel 90). Erster Schritt bei der Herstellung der zu einer Art Likör verdichteten Edelvariante des irischen Schwarzbiers: ein Stout brauen, das den Gaumen mit Kaffee- und Schokoladenaromen einlullt. Der Clou: Ahornsirup als weitere Zutat. Die Folge: feine Walnuss- und – natürlich – Ahornaromen. Zweiter Schritt: das Stout drei Monate in einem Fass lagern, das mit Pinot noir vorbelegt war, auf dass der Alkoholgehalt auf 8,5 % ansteige. Das Holz macht den perfekten Begleiter zum Sonntagskuchen mild und geschmeidig.

Adresse Berliner Bierfabrik, Zur Alten Börse 74, 12681 Berlin, Tel. 030/55200314, www.berlinerbierfabrik.com | **Bierprofil** über 25 Sorten, vom Pils über Ales, zwei India Pale Ales und ein Witbier bis zu diversen Rauchbieren | **Bezug** Bezugsquellen auf der Website, deutschlandweit im Fachhandel | **Tipp** Vor Ort probieren kann man das Wedding Pale Ale der Berliner Bierfabrik gleich gegenüber in der heimeligen Braustube Marzahn (Zur Alten Börse 59). Alle Biere, die dort ausgeschenkt werden, stammen aus dem Kiez.

11__Oat Law
So schwarz wie sein Getreide

Craft Beer findet seine Inspiration in allen Ausformungen des Lifestyles und der gesellschaftspolitischen Überzeugung, nicht nur in urbaner Clubkultur. Davon zeugt die in Glattbach, einem 3.000-Einwohner-Dorf nahe der bayerisch-hessischen Grenze, gelegene Brauerei Bestcraft. Als Ableger der in den 1990ern wurzelnden Bio-Mikrosudstätte Brauhaus Bergmann gehört sie zu den in ihrem Einfluss auf die neue Bierkultur nicht zu unterschätzenden Labels, bei denen die Rückbesinnung auf ehrliches Handwerk zuvorderst ökologisch motiviert ist. Bernd Bergmann und Stefan Koch, gelernte Brauer – das Eigenlob in Bestcraft leitet sich von den beiden ersten Buchstaben ihrer Vornamen ab –, arbeiten ausschließlich mit Zutaten aus zertifiziertem Anbau. Ein echtes Handicap, denn Hopfen in Bio-Qualität ist eine Rarität.

Noch seltener auf dem Markt zu finden ist schwarzer Hafer, eine Urform des spelzigen Getreides mit kastanienbraunen bis nachtfarbenen Körnern. Dass er wieder angebaut wird, ist auch einem Motorradfestival zu verdanken. Auf ihm lernte Bergmann einen Demeter-Landwirt kennen, der nach dem Mauerfall in einem aufgelösten Institut Saatgut gefunden hatte und nun auf der Suche nach einem Partner war, der aus der alten Getreidesorte etwas machen wollte. Bestcraft griff zu und entschied sich, die Kreation, die in Deutschland ihresgleichen sucht und die selbstredend das Siegel des Verbandes Bioland trägt, als ein Stout zu typisieren, jenen sämigen britisch-irischen Biertyp, den der gemeine Durchschnittstrinker oft fälschlich für ein Synonym der Marke Guinness hält.

Der Anteil des schwarzen Hafermalzes liegt bei 50 %. Von ihm hat das tiefdunkle Oat Law seinen ungewohnten, vom ersten Schluck an mitreißend nussigen Geschmack und dieses wahrlich unvergleichliche, pointierte und leichtfüßig-elegante Spiel zwischen Süße und Säure. Anders, irre komplex und – Vorsicht! – absolut suchterzeugend.

Adresse Bestcraft by Brauhaus Bergmann, Weitzkaut 11a, 63864 Glattbach, Tel. 06021/429410, www.bestcraft.bio | **Bierprofil** Oat Law, Main IPA (India Pale Ale), Heavy Met Ale (Honigbier), Ram Amber (heller Bock), Kellerbier | **Öffnungszeiten** Direktverkauf: Do 16–20 Uhr | **Bezug** Ausschankorte und Verkaufsstellen auf www.biobraumeister.de | **Tipp** Die etwas südöstlich in Tauberbischofsheim gelegene Brauerei Distelhäuser braut ein sehr empfehlenswertes stilechtes Stout. Perfekt geeignet, um sich mit Bedacht in die vielfältige Geschmackswelt dieses Bierstils hineinzutrinken.

12 Goldmarie

Darling for every day

Es grenzt an ein Wunder: Obwohl die Deutschen Jahr für Jahr weniger Bier trinken, steigt die Anzahl ihrer Brauereien kontinuierlich an. 2016 wurde die 1.400er-Marke geknackt. 100 mehr als im Jahr zuvor. Damit befassen sich in unserem Land wieder so viele Betriebe mit der Verarbeitung von Wasser, Hopfen und Malz wie zuletzt 1978. Bei den Biermarken ist die Vielfalt auf weit über 5.000 geklettert. Für hippe Restaurants, Foodstores und Trendschuppen ist es zum Muss geworden, sich einen exklusiven Haustrunk kreieren zu lassen oder ein gängiges Stöffchen mit dem eigenen Label zu branden.

Wenn sich für so einen Haustrunk zwei Köpfe mit außerordentlichem Bierverstand zusammentun und dabei am Ende ein richtig guter Schluck herauskommt: ja, liebend gern! Der Kölner Kai Boecker ist so eine Koryphäe. Als er 2015 unweit des Severinstors das Bierlager eröffnete, ein Fachgeschäft für Hopfenwürziges jenseits des Massengeschmacks, war die Domstadt in Sachen Craft Beer noch eine Einöde. Kopf Nummer zwei ist Sebastian Sauer, der mit seinem Label Freigeist Bierkultur (siehe Kapitel 35) schon seit 2009 das Hohelied des Mehrgeschmacks inszeniert und als Vorbild einer ganzen Generation von Hobbybrauern indirekt für diverse Brauerei-Start-ups verantwortlich sein dürfte.

Goldmarie, so haben sie ihr Schätzchen getauft. Ein Goldschätzchen! Rund im Geschmack dank ihrer fruchtigen Zitrus-, Maracuja- und Mangoaromen, dazu auch noch angenehm malzsüß und mit 45 Bittereinheiten nicht zu herb. Mehr als nur ein Pale Ale, das mit den Hopfensorten Citra und Mosaic gestopft wurde. Ein Craft Beer for every day, herrlich unaufgeregt und trotzdem so fesselnd wie ein Cliffhanger, mit dem eine Daily Soap gewöhnlich endet. Wenn man mit dem Strammen Max, einem Double IPA, dann noch den zweiten Haustrunk des Bierlagers probiert hat, fordert man: mehr Markenwildwuchs! Man müsste solche Biere sonst missen.

Adresse Bierlager, Bonner Straße 38, 50677 Köln, Tel. 0221/64000599, www.bierlager.de;
Freigeist Bierkultur, Diepenlinchener Straße 20, 52224 Stolberg, Tel. 0152/34012284 |
Bierprofil Goldmarie, Strammer Max | **Öffnungszeiten** Bierlager: Mo–Do 16–20 Uhr,
Fr 12–22 Uhr, Sa 11–22 Uhr, Termine für Tasting-Veranstaltungen auf der Website | **Tipp**
Am liebsten Naherholungsziel der Kölner, in der Eifel und dort in Mendig am Laacher
See, lockt die Craft-Beer-Brauerei Vulkan mit einem stylishen Brewpub und Führungen
durch die tiefsten Lager- und Gärkeller der Welt.

13___English Rose
So süß, die Highlander

Keine Kohlensäure. Kein Schaum. Traditionelle englische Biere kommen deutschen Touristen derart fremd vor, dass sie ihren Lieben seit Jahrzehnten folgenden Rat nach Hause mitbringen: »Wenn du in einen Pub gehst, trinke bloß nichts Einheimisches!« Dabei sind die Britischen Inseln das Mutterland unserer modernen Lager- und Pilsbiere.

Bath, Kurstadt im Südwesten Englands. Am Vorabend der industriellen Revolution kommt die antike Therme zum Vorschein, Ingenieure entdecken das gut 1.200 Jahre lang vergessene Hypokaustum, die Fußbodenheizung. Mälzereien entstehen, in denen das angekeimte Getreide nicht mehr mit offenem Feuer getrocknet wird, man schüttet es jetzt auf einen Boden, den man vom Untergeschoss aus erhitzt, röstet es. Bier schmeckt plötzlich nicht mehr wie geräuchert. 1841 führt der österreichische Brauereibesitzer Anton Dreher die neue Malzkultur auf dem Kontinent ein. Er hatte sie vor Ort ausspioniert.

Der Sozialpädagoge Markus Adler und der Küfer und Lebensmitteltechniker Mathias Krämer, die 2013 im Herzen der weinseligen Pfalz die Gourmet-Manufaktur BrauArt Sausenheim gegründet haben, sind erklärte Fans der britischen Bierkultur. Dunkle, heiß gedarrte Karamellmalze, wie sie für das in Edinburgh erfundene Scotch Ale typisch sind, prägen ihre persönliche Liebeserklärung an die Andersartigkeit der Inseln. Sie verleihen ihrem English Rose eine ausladende Süße, die Adler und Krämer souverän mit Hopfen kontern, ins Bittere ausbalancieren. Die ungewohnten Aromen von frischer Birne und Trockenfrüchten sollen schließlich nicht erdrückt werden. Mit 6,5 % Alkohol wärmt das English Rose von innen. Ein Bier für Sauwetter. Nebel. Regen. Herbst. Zum Eintopf und zum Irish Stew.

Nach England gekommen ist das Duo über Belgien. Dass dort die Großen die Kleinen aufkaufen, nur um sie vom Markt zu nehmen, löste den Wunsch aus, sich das Brauen beizubringen.

Adresse BrauArt Sausenheim, Angelgasse 2 – 4, 67269 Grünstadt, Tel. 06359/9298222, www.brau-art.jimdo.com | **Bierprofil** English Rose, Six Gun (Pale Ale), Super Summer Session Ale, Cascadian (Dark Ale), Bloodlight (Double Red India Pale Ale), Tine Wit'ler (Witbier), Kollaborations- und Sondersude | **Öffnungszeiten** Direktverkauf: Mi 17 – 20 Uhr, Sa 11 – 14 Uhr | **Bezug** Verkaufsstellen auf der Website Brewpub | **Tipp** Weinregionen haben großen Durst auf Bier. Nur ein paar Kilometer westlich von Grünstadt, in Hettenleidelheim, betreiben Jens Rybok und Sascha Zabel die Mikrobrauerei JeSa.

14_ Clan
Der unfertige Whisky

Es war mit Sicherheit das Erste, womit die Menschheit ihren Durst gestillt hat: Wasser ist der Urahn aller Getränke. Sortiert man das, was im Lauf der Kulturgeschichte aus ihm gemacht geworden ist, nach dem Grad der Verwandtschaft – Tee, Limonade, Pastis –, dann steht neben dem Bier ein Glas Whisky. Bei beiden beginnt die Herstellung damit, dass Getreide zum Keimen gebracht wird, um seine Stärke in Zucker zu verwandeln. Auch Schritt Nummer zwei ist identisch: Das Malz wird eingeweicht und gekocht, um den Zucker herauszulösen. Bei beiden wird die trübe Brühe dann – Schritt drei – mit Hefe vergoren. Clan, so heißt ein Bier, das diese Geschichte besser erzählt, als es mit Worten möglich ist.

2010 tauchte in den großen Supermärkten ein Kühlschrank auf, in dem Flaschen standen, deren eigenwilliger Mix aus Formen und Füllgrößen vielen Konsumenten noch heute ein Rätsel aufgibt: Was ist da drin? Vom Preisniveau her kann es nur Wein sein … Braufactum, die Gourmet-Biermarke der Radeberger-Gruppe, ging an den Start. Mit einer Kollektion an sensationell exquisiten Spezialitäten, die nicht pasteurisiert werden und deshalb wie Frischmilch behandelt werden müssen. Bei einer von ihnen, dem Scotch Ale, könnte es sich auch um einen noch undestillierten, aber bereits äußerst verheißungsvollen Whisky handeln. Ein Meisterstück. Das Clan ist ein weder herbes noch wirklich süßes Karamellbonbon, das dem Gaumen vorzugaukeln vermag, es wäre Torf im Spiel. Für diese Täuschung verantwortlich: die traditionelle englische Hopfensorte Fuggles, die dreimal in die Würze geworfen wird.

Braufactum ist das edelste unter den deutschen Craft-Beer-Labels. Leicht hat es die Luxusmarke aber nicht. In der Szene, in der Industriebier das Feindbild Nummer eins ist, wird sie häufig als Entschuldigung des Mutterkonzerns bewertet, der Deutschland flächendeckend mit Bieren wie Schöfferhofer und Jever, die für das Gegenteil von handwerklich stehen, überzieht.

Adresse Braufactum, Darmstädter Landstraße 185, 60598 Frankfurt, www.braufactum.de | **Bierprofil** Clan, Progusta (India Pale Ale), Yakeros (West Coast India Pale Ale), Soleya (Saison), The Brale (Brown Ale), Palor (Pale Ale), Indra (Weizen Pale Ale), Roog (Rauchweizen) und andere | **Öffnungszeiten** In Berlin gibt es ein Braufactum-Burger-restaurant mit Shop: Memhardstraße 1–3 (nahe Alexanderplatz), täglich ab 12 Uhr. | **Bezug** Onlineshop und Verkaufsstellen auf der Website, deutschlandweit im Gourmet-handel | **Tipp** Frankfurt hat in Sachen Craft Beer im Vergleich zu anderen Metropolen erheblichen Nachholbedarf. Eine fulminante Auswahl findet man dort in der Bierothek (Skyline Plaza, Europa-Allee 6). Weitere Filialen dieses Fachgeschäfts gibt es unter anderem in Stuttgart, Erfurt, Leipzig, Nürnberg und Erlangen.

15_Holzfassgereifter Eisbock

Der geschmackvollste Unfall der Geschichte

Es war einmal ... in einem kalten Januar so um das Jahr 1890. In einer Brauerei in Kulmbach, einem Städtchen im Norden Bayerns, kam ein Geselle der letzten Aufgabe des Tages nur noch unzureichend nach. Er übersah ein Fass, das er vom Hof in den Lagerkeller räumen sollte. Je nachdem, wer die Legende erzählt, wurde es am nächsten Morgen oder aber erst beim nächsten Tauwetter entdeckt. Der Frost hatte die Dauben gesprengt, der Inhalt war zu Eis erstarrt – klar, transparent, mit einem braun schimmernden, flüssigen Kern. Zur Strafe musste der Geselle den jetzt trinken. Er schmeckte ihm gar köstlich, aber schon nach wenigen Schlucken kippte er betrunken um.

Bis zum Boom der Gourmetbiere fristete der so erfundene Eisbock ein Nischendasein. Ölig, ja fast zähflüssig, süß wie Madeira-Wein und mindestens 9 % Alkohol stark, mit so etwas weiß der gemeine Biertrinker einfach nichts anzufangen. Das Brauhaus Faust hat mit seiner besonders edlen Version nicht warten wollen, bis der Markt bereit war. Schon 2012, als der Begriff »Craft« nur ein paar Freaks geläufig war, wurde die rare Köstlichkeit erstmals mit einer Goldmedaille ausgezeichnet. Die Traditionsbrauerei aus dem schmucken Fachwerkstädtchen Miltenberg am Main, 1654 gegründet und seit 1875 im Besitz der namengebenden Familie, zählte zu den ersten in Deutschland, die ihr klassisches Sortiment um handwerkliche High-End-Raritäten ergänzten.

Der Eisbock des Brauhauses Faust wird nach dem Ausfrieren mehrere Monate ausgebaut. In einem »Kapelle« genannten Keller tief unter dem Stammhaus reift er in Eichenholzfässern, damit die anfangs einen kleinen Tick zu dominanten Malz- und Dörrobstaromen in einer komplexen Komposition aus Sherry-, Marzipan- und Schokoladennoten aufgehen. Es gibt nur eine Abfüllung im Jahr, die immer eine Nuance anders ausfällt. Sündhaft teuer. Wird getrunken wie Likör. Absolut genial zum Beispiel zum Dessert.

Adresse Brauhaus Faust, Hauptstraße 219, 63897 Miltenberg, Tel. 09371/97130, www.faust.de | **Bierprofil** holzfassgereifter Eisbock, Braureserve 1237 (Barley Wine), Auswandererbier (India Pale Ale), Johann Adalbert Hochzeitsbier (hopfengestopftes Lager), Jahrgangsbock, Vollsortiment an traditionellen Bieren | **Öffnungszeiten** Brauerei-Laden (Hauptstraße 219, Miltenberg): Jan.–März Mo–Fr 8–17 Uhr, April–Okt. Mo–Fr 8–18 Uhr, Sa 10–18 Uhr, So 11–16 Uhr, Nov., Dez. Mo–Fr 8–18 Uhr, Sa 10–18 Uhr; Historisches Braugasthaus Riesen (Hauptstraße 97): täglich ab 11 Uhr | **Bezug** über die Brauereiwebsite, deutschlandweit im Fachhandel | **Tipp** Zu Hause kann man sich mit einfachsten Mitteln seinen eigenen Eisbock herstellen: 1) Eine PET-Flasche zu drei Vierteln mit einem Doppelbock oder Weizenbock füllen. 2) Einfrieren. 3) Die durchgefrorene Flasche kopfüber in eine Karaffe stellen und zusehen, wie der Eisbock langsam in sie hineintropft.

16_ Dunkle Gose

Das Sauerbier für Einsteiger

Bis 2009 war es in Goslar nicht anders als im übrigen Deutschland: Wenn einem der Kellner ein saures Bier hinstellte, rief man lauthals: »Sauerei!«, weil hier ungeniert Verdorbenes gezapft wurde. In diesem Jahr aber eröffnete der Bierkünstler Odin Paul in einem Fachwerkhaus im Herzen der pittoresken, 1992 zum Weltkulturerbe erhobenen Altstadt ein Gasthaus mit Sudstätte. Im »Brauhaus Goslar« erhielt eine uralte, nicht mit dem vergleichsweise jungen Reinheitsgebot von 1516 vereinbare, regionale Biersorte eine neue Heimat. Rund 150 Jahre nachdem ihr das damals eben erfundene Pils den Todesstoß versetzt hatte.

Die Gose ist ein nur bedingt mit Gewohntem verwandtes Sauerbier. Sie rann schon im 10. Jahrhundert durch durstige Kehlen. Spätestens im 14. Jahrhundert war sie auch in Hamburg, einem der vielen Exportmärkte, die Goslars Brauer für sich eroberten, in aller Munde.

Damals vollzog sich die Wandlung der Ingredienzien zu Alkohol noch durch die sogenannte »Spontangärung«, durch Bakterien, die irgendwie in der Luft herumschwirrten und irgendwann zu arbeiten begannen. Seit man weiß, wie Gärung funktioniert, wird die Gose zugleich wie ein Weizenbier mit obergäriger Hefe und – wie Sauerkraut – mit Milchsäure gebraut. Ein weiteres besonderes Merkmal sind die Zutaten Salz und Koriander.

Im »Brauhaus Goslar« steht neben der hellen auch eine »Dunkle Gose« auf der Karte, die neben Pilsner- und Weizen- auch Karamalz enthält. Sie ist ein echtes Aha-Erlebnis. Bereits ein halbes Glas birgt die Gefahr, dass man das vermeintlich sichere Gespür dafür verliert, wie ein wirklich perfektes Alltagsbier eigentlich schmecken muss. Nicht nur, weil das Dunkle noch mehr nach dem 14. Jahrhundert mundet als seine blonde, wegen ihres streng säuerlichen Charakters gerade im Sommer extrem angenehme Schwester. Es ist mit großväterlicher Milde gesegnet, eher süßsauer, dezenter, für Einsteiger weniger schockierend.

Adresse Brauhaus Goslar, Marktkirchhof 2, 38640 Goslar, Tel. 05321/685804, www.brauhaus-goslar.de | **Bierprofil** Gose hell und dunkel, unregelmäßig veredelte Gose-Varianten (hopfengestopft, holzfassgereift), Pils, saisonale Sondersude | **Öffnungszeiten** Braugasthaus: täglich ab 11 Uhr | **Bezug** Karte mit regionalen Verkaufsstellen auf der Website, deutschlandweit im Fachhandel | **Tipp** Nicht nur vom Namen her mit der Gose verwandt ist die belgische Geuze, die noch heute allein durch Spontangärung zum Bier wird.

17_Cherry meets Ginger
Die Farbe der Liebe ist scharf

Muss man, um wirklich gute Biere brauen zu können, eine Ausbildung absolviert haben? Ralph Walther, der gemeinsam mit seiner Frau am Stadtrand von Saarbrücken die Gaststätte Flammkuchenhaus betreibt, zapft dort Abend für Abend Argumente für ein Nein.

Um nicht länger den markttaktischen Sperenzchen der internationalen Konzernbrauereien ausgeliefert zu sein, hatte er sich Ende 2012 eine Braueule gekauft, eine eigentlich fürs Hobby gedachte Sudanlage mit gerade einmal 20 Litern Ausstoß. Sein Selbstgebrautes kam so gut an, dass sich der Autodidakt Schritt für Schritt auf das weite Feld des Besonderen hinauswagte, sich ein professionelles Sudwerk und – als Kern seines verwegenen Konzepts – 20 Reifetanks zulegte, um unter dem Label B(r)auhof Saar fortan parallel bis zu 20 verschiedene Sorten reifen lassen zu können. Drei Beispiele: ein Porter, ein schweres Dunkles – mit Haselnüssen. Ein mit sensibler Hand Gehopftes. Ein Weizen belgischen Stils – mit Pfeffer, der den Mund mit einer angenehm dezenten Schärfe füllt. Man kann nicht wirklich sagen, welche Sorte man sich unbedingt zuerst ins Glas füllen lassen sollte. Außer im Sommer.

Dann nämlich liegt mit dem Cherry meets Ginger, einem Bier mit der Farbe von Roséwein, eine absolute Rarität am Hahn. Der Brauprozess lässt erahnen, wie sie schmeckt. Im ersten Schritt maischt Ralph Walther ein ganz ordinäres Obergäriges, ein Pale Ale. Auch der zweite Schritt, das Kochen der Würze, verläuft erst einmal ganz normal. Bis der Meister Sauerkirschen und Ingwer in die heiße Suppe wirft. Beides wird mitvergoren, kommt mit in den Reifetank. Damit die Balance am Ende stimmt, wird der Sud nach drei Wochen durch einen Seiher in einen zweiten Tank geschlaucht. In diesem warten bereits neue Sauerkirschen darauf, das Bier mit ihrem Aroma zu finishen. Genial und unvergesslich. Hopfig, echt fruchtig und ein wenig scharf zugleich.

Adresse B(r)auhof Saar, Flammkuchenhaus Saarbrücken, Im Almet 63, 66119 Saarbrücken, Tel. 0681/8579266, www.dasflammkuchenhaus.de | **Bierprofil** 22 Sorten, vorwiegend nicht nach dem Reinheitsgebot, das Angebot richtet sich nach der Saison | **Öffnungszeiten** Di – Fr 16 – 23 Uhr, Sa 14 – 23 Uhr (Nov. – März ab 16 Uhr), So 11.30 – 22 Uhr | **Bezug** Flaschenverkauf vor Ort, erhältlich auch in ausgewählten Gaststätten und Geschäften des Saarlandes und in ausgesuchten Onlineshops | **Tipp** Wo das Saarland in das Bundesland Rheinland-Pfalz übergeht, liegt Hoppstädten-Weiersbach. Dort wurde 2015 das ambitionierte Craft-Beer-Projekt Hops Brewing gegründet, um das es nach einer sensationellen Anfangseuphorie still geworden ist.

18 Ziggy Serie

Hopfen, wechsel dich!

Normal ist, dass den Deutschen jene Biere am besten schmecken, die man halt so trinkt. Industriell erzeugte, durch Filtration ihrer Aromen beraubte Nullachtfünfzehn-Pilse. So würden Bernhard Frenzel, Chris Murphy, Gil Scheuermann und James Tutor sie bezeichnen. Fürs Gute muss man kämpfen. Weshalb sich die vier 2013 in Freiburg zu einem Braukollektiv zusammengeschlossen haben, das so klar wie kaum ein anderes die fünf Merkmale eines Craft-Beer-Labels verkörpert.

1. Die Zusammensetzung. Minimum sind ein Deutscher und ein US-Amerikaner. In diesem Fall: ein weiterer Deutscher und auch ein Australier. Alle haben gut bezahlte Berufe und die Welt bereist.

2. Der Gründungsmythos. Man kommt zufällig ins Gespräch. In einer Kneipe. Dort könnten bessere Sorten ausgeschenkt werden. Man stellt fest: Die anderen sind auch Hobbybrauer. Man beschließt – schon ziemlich betrunken –, eine Firma zu gründen.

3. Der Minimalismus. Die Behauptung, dass auch Craft-Beer-Labels eine Brauanlage haben sollten, ist spießig. Existenziell ist, dass die Etiketten nicht nach Bier aussehen.

4. Der Usus. Die Welt braucht Ales, Ales, Ales. Andere Bierstile? Danach!

5. Der interne Wettstreit. Wer mit einer Hopfensorte Erfahrung hat, die die anderen nicht kennen, darf beim Rezeptschreiben die Führung übernehmen.

Ziggy heißt der große Wurf, mit dem es dem Quartett mühelos gelingt, dass man ihm sein plakativ zur Schau gestelltes Hipstertum nicht übel nimmt. Das Braukollektiv bezeichnet das Bier treffend als das Chamäleon unter den Pale Ales. Bei jedem Sud gleich: der federleichte Malzkörper. Immer anders: der Hopfen, mit dem er veredelt wird. Ziggy Nummer sechs: Zitrusaromen satt. Nummer sieben: Honigmelone und Minze. Fortsetzung folgt. Jedes Fläschchen für sich: phantastisch. Hintereinander getrunken? Ohne Übertreibung: das leckerste Hopfen-Kompaktseminar, das der Gaumen je erlebt hat.

Adresse Braukollektiv, Runzstraße 50, 79102 Freiburg, Tel. 0172/1976110, www.braukollektiv.com | **Bierprofil** Ziggy-Serie, Dolly und Jaques (India Pale Ales), Horst (Brown Ale), Moe (Pale Ale), unregelmäßig einmalige Sondersude | **Bezug** Onlineshop und Übersicht zu Verkaufsstellen auf der Website, deutschlandweit im Fachhandel | **Tipp** Ebenfalls in Freiburg zu Hause ist das Craft-Beer-Label Decker, das neben einem hopfengestopften Pils und einem Amber auch Braukurse bietet.

19__Gurken Gose

Das Bier, das ins Ausland fliehen musste

»Hopfen und Malz, Gott erhalt's!« Mit diesem Ausruf bittet man in Bayern seit alters darum, dass das Bier ewig strömen möge. Aber nur das Lager und das Weizen! Ganz beiläufig trennt der Spruch die Rechtgläubigen, für die es nur die zwei ausgelobten Zutaten geben darf, von Heiden wie dem Franken David Hertl.

Der Paradiesvogel und Meister der Provokation lehrt an einer Fachschule künftige Braumeister, was man so alles am Reinheitsgebot vorbei sieden kann. In offiziellem Auftrag. 2016 bekam er Besuch von der Lebensmittelaufsicht. Sie untersagte ihm, eine wahrlich blasphemische, gemeinsam mit dem Münchner Craft-Beer-Label Hopfmeister alias Marc Gallo entwickelte Kreation noch einmal aufzulegen. Seither fahren die beiden regelmäßig nach Prag, wo man das Reinheitsgebot nicht kennt, 400 Kilogramm Gurken im Gepäck, die sie dort in einer Braustätte hobeln und in der Sudpfanne schmoren.

Unter den Tausenden exzentrischen Erfrischern, die sich die deutschen Craft-Beer-Brauer in den letzten Jahren haben einfallen lassen, gebührt der 3,3 % Alkohol leichten »Gurken Gose« der Ehrentitel der Allermutigsten. Keine andere Kreation dürfte ähnlich polarisieren, stemmt sich konsequenter gegen die Regeln der Marktwirtschaft. Entweder man liebt die Abwandlung des historischen Sauerbieres Gose, weil sie so intensiv nach Gartengrün schmeckt, als hätte man sich in den Auffangsack eines Rasenmähers eingenäht. Oder es schüttelt einen vor Empörung, weil man das Einmachwasser eines Gurkenglases eingeschenkt bekommen hat.

Neben dem grünen Schlauchgemüse resultieren die Verstöße der Gurken Gose gegen das Reinheitsgebot übrigens aus dem Anspruch der beiden Brauer, historisch korrekt zu arbeiten. Als weitere verbotene Zutaten sind Salz und Koriander sowie roher, also nicht vermälzter Weizen zu nennen. Eine Gose wird traditionell nicht nur mit Hefe, sondern zusätzlich mit Milchsäure vergoren.

Adresse Braumanufaktur Hertl, Thüngfeld 61, 96132 Schlüsselfeld, Tel. 09552/981028, www.braumanufaktur-hertl.de; Hopfmeister, Kyreinstraße 18, 81371 München, Tel. 089/74080090, www.hopfmeister.de | **Bierprofil** Die Braumanufaktur Hertl kreiert pro Jahr gut 40 Biere, teils als Kollaborations-Sude mit Kollegen. | **Öffnungszeiten** Besuch nur im Rahmen von Braukursen und Bierseminaren, Termine auf der Website | **Bezug** über die Website, deutschlandweit im Fachhandel | **Tipp** Im nur wenige Kilometer entfernten Dörfchen Weiher kreiert die Brauerei Kundmüller Craft Biere streng nach dem Reinheitsgebot. Besonders empfehlenswert: ihre Gemeinschaftssude mit internationalen Bierkünstlern und ihr vielfach prämierter heller Weizenbock.

20_ Sour Porter Barrique

Nahe am Wein gebaut

Einmal angenommen, Sie haben gerade einen Job als Kellner angetreten, am Tresen nehmen zwei Gäste Platz und fangen an zu singen:
»Trink, trink, Brüderlein, trink!« Was wollen sie, das Sie ihnen bringen? Ganz schwierig wird die Antwort dann, wenn es sich um Stefan
und Ulrich Sander handelt. Ersterer hegt im pfälzischen Mettenheim
Rebstöcke. In dritter Generation. Ulrich wiederum, der Jüngere, hat
sich ganz dem zweiten deutschen Volksgetränk verschrieben. Beide
wissen um die Kunstfertigkeit des anderen, greifen sich immer wieder
gegenseitig unter die Arme. Sehr wahrscheinlich also, dass sie gern
auch mal mit dem Nektar des anderen fremdgehen.

Weil für ihn schon früh klar war, dass sein Bruder das elterliche Weingut übernehmen würde, orientierte sich Ulrich Sander
in die entgegengesetzte Richtung. Nach dem Abitur ließ er sich
in Frankfurt zum Brauer ausbilden, machte in Berlin das Diplom
und jettete anschließend für Hersteller von Brauanlagen rund um
den Globus. Seit 2012 ist er sein eigener Chef und produziert,
wie es auf dem Weingut Sander schon seit den 1920ern Usus ist,
ausschließlich in Bio-Qualität. Obwohl das Gros der Biertrinker
den Mehraufwand nicht wertschätzt, weil es das Reinheitsgebot
mit Natürlichkeit verwechselt. Egal, denn die breite Masse dürfte
zwar sein Pils No. 1 mögen, aber bereits mit seinem Hellen über-
fordert sein, das mit den Hopfensorten Polaris, Cascade und Spalter Select veredelt ist.

Ulrich Sanders Steckenpferd sind Höchstprozenter, für die ihm
sein Bruder bereits genutzte Fässer nach Worms bringt. Das Sour
Porter Barrique zum Beispiel, ein dunkles Ale, reift vier Monate in einem Barrique-Fass, in dem zuvor Rotwein ausgebaut wurde. Dominantes Aroma: Sauerkirsche. Ölig. Starke Holznoten.
8,5 % Alkohol, die man deutlich schmeckt. Ein Grenzgänger, der
die Trennlinie zwischen Bier und Wein verwischt. Brüderlein, das
trinken wir.

Adresse Braumanufaktur Sander, Büro: Apostelbräustraße 27, 67549 Worms, Brauerei: Weinsheimer Straße 67, 67547 Worms, Tel. 06241/8545028, www.brauerei-sander.de | **Bierprofil** Helles, Lager, Pils, diverse Ales, Sauerbier, diverse Starkbiere, zum Teil im Holzfass ausgebaut | **Öffnungszeiten** Braugasthaus und Direktverkauf (Weinsheimer Straße 67): Di, Mi 17–19 Uhr, Fr 15–19 Uhr, Sa 10–13 Uhr; Termine für Brauereiführungen mit Bierprobe auf der Website | **Bezug** Onlineshop auf der Website, deutschlandweit im Fachhandel | **Tipp** Die Gasthausbrauerei Domhof im nahen Speyer mag zwar nur traditionelle Sorten reifen lassen, da sie rein handwerklich entstehen, gehören aber auch sie zur Craft-Beer-Familie.

21__Broihan

Gepriesen sei, was misslingt

Sollten die Macher von »Wer wird Millionär?« einmal knapp bei Kasse sein – wir hätten da folgende Frage, mit der sie die Ausschüttung des Hauptgewinns gezielt verhindern könnten: Was ist ein Broihan? Selbst wenn ein gestandener Braumeister auf dem Stuhl säße, möglicherweise würde er »A: Ein oberschlesisches Hähnchengericht« einloggen, aber sicher nicht »B: Ein alkoholisches Getränk«.

Der Name Broihan leitet sich von Cord Broyhan ab. Geboren im Dörfchen Stöcken, heute ein Stadtteil von Hannover, zog er als junger Mann nach Hamburg, um sich dort als Brauknecht zu verdingen. 1524 kehrte er zurück, beseelt von der Idee, den Hamburger Exportschlager, ein dunkles Weißbier, einfach mal so zu kopieren. Er scheiterte kläglich. Allerdings schmeckten seine Fehlversuche den Hannoveranern so gut, dass sie 350 Jahre lang nichts anderes mehr trinken mochten. Sein Missgeschick machte Broyhan – ja ganz Hannover – reich.

Drei Thüringern ist es zu verdanken, dass man sich den 1919 letztmalig gebrauten Broihan heute wieder einschenken kann. Martin Reformat, Hendrik Schliewenz und Matthias Wenzel, die sich 2015 zur Braumanufaktur Schmalkalden zusammenschlossen und seither gemeinsam mit einem Historiker die Rezepte vergessener Bierstile wiederbeleben, haben ihn rekonstruiert. Wie auch das »Lager des Mittelalters« – das Rotbier – und die im 15. Jahrhundert in Braunschweig kreierte Mumme.

Charakteristisch für den Broihan ist seine Nähe zu Weißwein: honiggelb, süßlich und spritzig. Man liegt durchaus richtig, wenn man ihn als einen malzbasierten Federweißen bezeichnet. Die Zutat Hopfen spielt bei ihm keine tragende Rolle. Dafür das Getreide. Verbraut wird sowohl Gerste als auch Weizen. Noch ist die süffige, nur um die 4,5 % Alkohol starke und damit extrem alltagstaugliche Leckerei ein Geheimtipp. Doch wer weiß, vielleicht erschallt bald wieder im ganzen Land der Ruf: »Oh rühmet den Broihanstrank!«

Adresse Braumanufaktur Schmalkalden, Weidebrunner Gasse 8, 98574 Schmalkalden, Tel. 0173/3520811, www.braumanufaktur-schmalkalden.de | **Bierprofil** Broihan, Rotbier, Mumme, Pale Ale, Weizen, Roggenbier | **Öffnungszeiten** Direktverkauf: Mi 14.30 – 18 Uhr; regelmäßig Braukurse, Termine auf der Website | **Bezug** im regionalen Fachhandel, Verkaufsstellen und Ausschankorte auf der Website | **Tipp** Seit 2017 haben auch die Hannoveraner wieder ihren eigenen Broihan. Die Brüder Christoph und Stefan Digwa alias »Gutshofbrauerei Das Freie« brauen ihre Version als Sauerbier mit Nelken, Zimt, Koriander, einer Spur Hopfen sowie Veilchenwurzeln.

22__Erdbeer Ale
Frucht auf Bier, das rat ich dir!

Früchte + Bier = …? Kenner denken bei dieser Addition nicht an Bananenweizen und ähnliche Verbrechen, sondern an Kriek, ein in Belgien ganz traditionelles Getränk, bei dem Kirschen in einen eben vergorenen Sud gegeben werden, damit sie eine erneute Vergärung in Gang setzen und ihre Aromen einbringen.

Man kann natürlich auch anderes Obst verwenden. Mit Birnen allerdings, so die Erkenntnis des 2012 aus einem Mofa-Club hervorgegangenen Brauprojekts 777 aus Spellen – einem 777 erstmals urkundlich erwähnten Ortsteil von Voerde am Niederrhein –, funktioniert es nicht wirklich. Mit des Deutschen liebster Beere dafür umso besser.

Jedes Frühjahr tragen Arne Hedschke, Torsten Mömken, Christian Preuwe und Tim Schade etliche Stiegen feldfrische Erdbeeren in ihre Mikrobrauerei, die sie sich selbst zusammengebaut haben. Vorher setzen sie ein Pale Ale an, ein obergäriges Helles, das sie mit der Hopfensorte Saphir zubereiten, die für feine Zitrusaromen sorgt. Die Erdbeeren kommen in einen Reifetank, in den das Blonde, nachdem die Hefe ihre Arbeit getan hat, geschlaucht wird. Bei einem Kriek käme noch Zucker dazu. Weil die vier auf diese Zutat verzichten, findet nur eine dezente zweite Gärung statt. Man spricht davon, dass ihr Ale »auf Erdbeeren reift«. Drei Monate lang. Danach wird der schlanke Malzkörper die süßen Komponenten der Früchte wie eine Ballerina tragen. Eine Form der Bierveredelung, die extrem selten zu finden ist.

Bekannt ist das Brauprojekt 777 für ein knackig-herbes, mit Tannennadel-Aromen gesegnetes India Pale Ale, ein zu Recht zigfach prämiertes Herren-Craft-Beer. Dank des Erdbeer Ales werden ihm auch die Damen zu Füßen liegen. Muss man probiert haben! Um sich über die vielen Monate hinwegzutrösten, in denen die Erdbeerfelder um Spellen nicht mit roten Punkten gesprenkelt sind. Als Aperitif, der den Gaumen staunen lässt. Zu Obstkuchen. Zum Dessert.

Adresse Brauprojekt 777, Friedrich-Wilhelm-Straße 48, 46562 Voerde, Tel. 0179/4372826, www.brauprojekt777.de | **Bierprofil** Pils, Red Ale, Single Hoped (Pale Ale), Triple 7 IPA (India Pale Ale), Harvest Thirteen (India Pale Ale), Alt, ständig wechselnde saisonale Sorten wie Erdbeer Ale, Honigbier, Gewürzbier | **Öffnungszeiten** nur an Werkverkauf-Tagen mit Beratung und Degustation geöffnet, Termine auf der Website | **Bezug** Auslieferung nur an Lokale und Shops im Umkreis von 150 Kilometern, Liste auf der Website, deutschlandweiter Bezug über Onlineshops | **Tipp** Das beste Fruchtbier belgischen Typs ist der weltweiten Beercommunity RateBeer zufolge das Framboos Noyaux der jungen Brauerei Bokkereyder aus Flandern – es wird mit Himbeeren gebraut.

23__ Pink Panther
Das coolste Bier am Rhein

Mächtig stolz sind die Einwohner auf ihr Bier, das nach ihrer Stadt benannt ist. Das Kölsch, ein obergäriges helles Vollbier, steht seit 1985 unter regionalem Schutz. Der wird vom Brauerei-Verband so rigoros durchgesetzt, dass sich kaum ein Craft-Beer-Kreativling um das eigenwillige Blonde verdient machen will, denn jeder kennt Kollegen, die es mit Anwälten zu tun bekommen haben. Dabei wäre es höchste Zeit, dass gerade dieser Bierstil ein paar neue Impulse erhält. Während es in Köln nicht denkbar ist, etwas anderes zu mögen, rangiert er im Rest der Republik auf der Beliebtheitsskala gefühlt an letzter Stelle.

Sollte es tatsächlich einmal passieren, dass ein Kölner genug hat von den reagenzglaskleinen Stangen, die von einem derben Köbes munter verteilt werden, so fahre er mit der U-Bahn 3 oder 4 nach Ehrenfeld zur Braustelle. Die kleinste Biermanufaktur der Stadt wirkt von außen so unscheinbar wie jede Eckkneipe. Ein Kölsch sucht man dort auf der Karte vergeblich. Stattdessen ist ein Helios angeschrieben. Helios dürfen sich nach altem Recht und Brauch alle hellen, auf Kölner Grund gebrauten Biere nennen. Um zum Kölsch zu werden, muss ihr Hersteller dem Brauerei-Verband beitreten. So ist es in der 1986 von 24 Brauereien verabschiedeten Kölsch-Konvention geregelt. Das will Peter Esser nicht, der die Braustelle 2001 gegründet hat. Wozu auch? Seine Variante ist unfiltriert, enthält alle natürlichen Trübstoffe. Geschmacklich ist sie klar überlegen.

Acht Zapfhähne warten in der Gaststube der Braustelle darauf, dass sich die Gäste vom Helios aus in die weite Welt der Biervielfalt hinaustrinken. Am weitesten von Köln entfernt ist der Pink Panther, ein helles, fein gehopftes Weizen-Ale, das nach der Gärung mit Hibiskus nachgewürzt wird und rosa aus dem Glas herausleuchtet. Man muss sich das Aroma der Blüten wie ein Bützje vorstellen, ein kleines Küsschen im Karneval. Zart legt es sich auf den Gaumen, wird aber bald von der Bittere des Hopfens weggewischt.

Adresse Braustelle, Christianstraße 2, 50825 Köln, Tel. 0221/2856932, www.braustelle.com |
Bierprofil Helios, Pink Panther, Alt, Weizen, Pale Ale, Red Ale, Porter, Stout und einiges mehr
im Wechsel | **Öffnungszeiten** Braugasthaus: täglich außer So ab 18 Uhr; Brauseminare:
Termine auf der Website | **Bezug** Onlineshop und Verkaufsstellen auf der Website | **Tipp** Wer
sich geschmacklich außerhalb der Kölsch-Konvention vergnügen will, dem empfiehlt sich das
Festival der Bierkulturen, das jeden Mai im Bürgerzentrum Köln-Ehrenfeld stattfindet und bei
dem sich kleine Brauereien aus der Region und aus aller Welt präsentieren.

24_ Berliner Nacht

Liebesgrüße an Väterchen Frost

Eine Frau steht am Anfang der Geschichte des extraordinären Bierstils Imperial Stout. Es ist die Femme fatale des 18. Jahrhunderts, Katharina II., genannt »die Große«, Zarin von Russland. Es heißt, dass sich englische Brauer ihr zu Ehren an einer besonders starken Version eines Porters, eines malzbetonten Dunklen, versucht hatten und das Ergebnis nach Sankt Petersburg schickten. Dort kam das Geschenk so gut an, dass ihm der Titel »kaiserlich« – imperial – verliehen wurde. Denn es stellte sich heraus, dass man sich mit dem Trunk an klirrend kalten Winterabenden von innen heraus aufs Angenehmste wärmen kann.

Typisch für ein Imperial Stout, das gern mit dem Namenszusatz »Russian« versehen wird, ist neben einer tiefschwarzen Optik ein Alkoholgehalt, den man vertragen können muss – bis zu 10 %. Sein Geschmack – beim Meisterstück der Bio-Craft-Beer-Brauerei BrewBaker, der »Berliner Nacht«, ideal umgesetzt – ist von einem hohen Anteil an Röstmalzen geprägt. Der erste Schluck verwandelt den Mundraum in ein Kaffeehaus, in dem gerade frisch geröstet wird und wo man zum Espresso stets eine Tafel edler Schokolade gereicht bekommt. Dann schälen sich Aromen von Lakritze und Trockenfrüchten heraus, und der Alkohol beginnt damit, im Körper des Genießers einen Kachelofen anzuschüren. Vorsicht: Dieses Stout ist alles andere als ein Durstlöscher! Biere, die den Zusatz »Imperial« im Namen tragen, sind generell so gehaltvoll, dass sie in kleinen Einheiten dosiert werden sollten.

BrewBaker zählt zu den ersten Craft-Beer-Produzenten der Hauptstadt, wurde schon 2005 von Michael Schwab, einem studierten Brautechnologen und – selten! – gebürtigen Berliner, als Gasthausbrauerei gegründet. Dass das Label sein Bier auch selbst ausschenkt, ist aber längst Geschichte. Die enorme Nachfrage erforderte zuletzt 2013 eine größere Anlage und deshalb den Umzug in ein Gewerbegebiet in Moabit.

Adresse BrewBaker, Sickingenstraße 9–13, 10553 Berlin, Tel. 030/34540400, www.brewbaker.de | **Bierprofil** Berliner Nacht, Pils, Helles, Lager, Bock, Pale Ale, India Pale Ale, Double India Pale Ale, Rauch Red Ale, Stout, Berliner Weisse, Framboise, Ingwerbier | **Öffnungszeiten** Direktverkauf: Mo–Fr 9–17.30 Uhr | **Bezug** Ausschankorte und Verkaufsstellen auf der Website, deutschlandweit im Fachhandel | **Tipp** Vor dem letzten Umzug von BrewBaker stand dessen Sudkessel in der historischen Arminius-Markthalle in Moabit. Feinstes Craft Beer gibt es dort weiterhin – in einer Location mit sechs Zapfhähnen und dem schlichten Namen »Bierbar«.

25__Pale Ale

So lasst uns also nackig ausziehen

Jeder, der in Berlin unterwegs ist, steigt irgendwann in die U-Bahn-Linie 1. Garantiert. Man kann sich aber auch in die U2 setzen, um früher oder später die Station Gleisdreieck angesagt zu bekommen. Im Schatten dieses Hochbahnhofs hat sich 2016 eines der renommiertesten Craft-Beer-Labels der Hauptstadt aus 38 Schiffscontainern ein Bier-Erlebniszentrum gebaut. Und – nach langen Jahren, in denen man ausschließlich die Sudanlagen anderer genutzt hat – endlich auch ein eigenes Brauhaus.

Dass dieser Kultort der Bierkultur jederzeit auf eine Flucht vor zu großen Besuchermassen vorbereitet ist, ist ein schönes Beispiel dafür, mit wie viel Humor Katharina Kurz, Christian Laase und Michael Lembke uns Durstige in Sachen Bier missionieren. BRLO heißt ihre 2014 gegründete Speerspitze der deutschen Craft-Beer-Bewegung. Dass so ziemlich jeder Probleme damit haben dürfte, diesen Namen auszusprechen, der auf Altslawisch Berlin bedeuten soll, ist Nebensache. Und Container für Container könnten sie jederzeit ihren Standort wechseln.

Auch wenn an der coolen Bar des BRLO Brwhouse mitunter Spektakuläres wie das Chili Red Ale »Brazilian Blowout« am Hahn liegt – unbedingt schmecken lassen muss man sich dort erst einmal das vermeintlich Simple, das Pale Ale. Mit 6 % Alkohol ist es ein wenig stärker, als man es von diesem britisch-belgischen Bierstil gewohnt ist, den uns die Craft-Beer-Globetrotter in den 2000er Jahren als Souvenir aus den USA mitgebracht haben. Aber das fällt kaum auf. Im Gegenteil. Richtig »easy going«. Das obergärige Blonde zaubert dank der fünf Hopfensorten Cascade, Centennial, Citra, Saphir und Willamette leichtfüßige Pfirsich- und Ananasaromen auf die Zunge. Der Malzkörper unterfüttert mit Karamellnoten. Die drei von BRLO empfehlen ihr Pale Ale zu Wild, würzigem Käse – und zum Nacktbaden. Einen Pool in ihrem BRLO Brwhouse bleiben sie uns aber leider schuldig.

Adresse BRLO/BRLO Brwhouse, Schöneberger Straße 16, 10963 Berlin, Tel. 0151/74374235, www.brlo.de, www.brlo-brwhouse.de | **Bierprofil** Pale Ale, Helles, Redlight Ale (Red Ale), German IPA (India Pale Ale), Porter, Berliner Weisse, wechselnde Sondersude | **Öffnungszeiten** Bar/Restaurant: Di–Fr ab 17 Uhr, Sa, So ab 12 Uhr, im Sommer Biergarten täglich ab 17 Uhr | **Bezug** deutschlandweit im Fachhandel | **Tipp** Nicht weit vom Gleisdreieck, am Mehringdamm im Bergmannkiez, verwirrt das Craft-Beer-Brauhaus Dolden Mädel. Es herrscht dort keine reine Weiberwirtschaft, der Name bezieht sich vielmehr darauf, dass nur weibliche Hopfenpflanzen jene Dolden liefern, die ins Bier kommen.

26 _ Great Escape
Dieser Junge kam bald wieder

Mütter weinen, winken mit Taschentüchern. Verliebte drücken sich. Ein letztes Mal. Nur noch wenige Koffer warten, bis man sie an Bord hebt. Und irgendwo singt einer, im Geschrei der Möwen kann man ihn kaum hören: »Deine Heimat ist das Meer.« Ein Klischee, sicherlich, aber zum Glück sind die Landungsbrücken auf Sankt Pauli nicht nur ein Symbol für den Schmerz des Abschieds.

Über die Zeit hinweg waren sie auch das Tor, durch das ein Hamburger Jung zurückgekehrt ist. Reich an Erfahrung und Weltläufigkeit. Wie Simon Siemsglüß, der sich 2013 in Stelling im Norden der Hansestadt in eine alte Fischkonservenfabrik einmietete, um fortan seine Eindrücke, die er rund um den Globus gesammelt hatte, in Bier zu übersetzen. Zum Beispiel in das Great Escape, eine sehr persönliche Version jenes Bierstils, den die Briten entwickelt hatten, um ihn um Afrika herum nach Indien zu verschiffen, und der, damit er ihnen unterwegs nicht verdarb, vor Alkohol und Hopfen nur so strotzte. Die für englisches Pale-Malz typische feine Süße. Die lieblichen Aromen der Tropenfrüchte Asiens. Eine schöne norddeutsche Herbe. Das India Pale Ale von Siemsglüß' Brauerei Buddelship, mit 6,5 % geradezu ein Leichtgewicht, mit 60 Bittereinheiten aber ordentlich knackig, verwebt die drei Hauptstationen seines Lebens zu einem fesselnden Epos.

In Deutschlands Kaufmannsmetropole aufgewachsen, hatte es Siemsglüß zum Studium nach Kanada, England und schließlich nach Berlin gezogen. In der deutschen Hauptstadt Fachwechsel, Besuch der Versuchs- und Lehranstalt für Brauerei. Über München weiter nach China und von dort nach London, um Brauwesen zu studieren. In Hongkong wollte er sein eigenes Sudhaus eröffnen. Aber dann brachte ihn das Schiff seines Lebens doch in den Heimathafen zurück. Dort verbringt er seine Tage, wie es seit alters für sesshafte Matrosen Sitte ist: Er füllt Kostbares in Flaschen. Flüssiges. Der Meister der Buddelschiffe.

Adresse Buddelship Brauerei, Warnstedtstraße 16l, 22525 Hamburg, Tel. 040/54809800, www.buddelship.de | **Bierprofil** gut 40 Sorten, vom Pils über Pale Ales und India Pale Ales zu Sauerbieren und Barley Wines | **Öffnungszeiten** Direktverkauf: Mo–Fr 10–18 Uhr | **Bezug** deutschlandweit im Fachhandel | **Tipp** Direkt an den Landungsbrücken zieht eine Craft-Beer-Location die Genusstrinker magisch an: die Brauerei ÜberQuell mit Taphouse, Restaurant und Urban-Gardening-Terrasse (Fischmarkt 28–32).

27 _ Grisette

Wahrlich keine graue Maus

Was ein Helles ist, weiß jedes Kind. Zumindest in Bayern, der Heimat der Craft-Beer-Legende Camba Bavaria, denn dort zählt es wie eh und je zu den Grundnahrungsmitteln. Was es von einem Pils unterscheidet, lernt man spätestens, wenn man 16 Jahre alt und dadurch berechtigt ist, endlich selbst im Bierregal auszuwählen. Aber wer oder was ist ein oder eine Grisette?

Laut einem Französisch-Wörterbuch bezeichnet Grisette einen grauen Wollstoff billigster Art, aus dem im 19. Jahrhundert Kleidung für Damen geschneidert wurde, die sich gern etwas anderes geleistet hätten, es aber nicht konnten. Der Begriff ging auf jene Fräulein über, die sich in der Wallonie, dem französischsprachigen Süden Belgiens, bei Schichtende vor den Fabriken und Bergwerken versammelten, um ihrem erschöpften, schlecht bezahlten Schatz mit einem Krug Bier den Heimweg zu erleichtern. Mit einem blonden, erfrischenden, hoch vergorenen Bier – einem Grisette. Dieser Arbeitertrunk wurde in den 1950er Jahren noch von rund 50 Brauereien gepflegt. Als dann das Zechensterben die Wallonie in eine Krise stürzte, die bis heute anhält, war sein Ende besiegelt.

Dank Camba Bavaria besteht kein Zweifel: Es kann nicht am Grisette gelegen haben, wenn der eine oder andere Bergmann dann doch ausgebüxt und ins Wirtshaus abgebogen ist. Das Flaggschiff der bayerischen Craft-Beer-Szene hat das Alltagsgetränk der Arbeiterklasse rekonstruiert, es dabei aber vorsichtig an die Geschmacksvorlieben von heute angeglichen. Ein mildes, unglaublich süffiges, aber nur dem Anschein nach leichtes Sommerbier. Seine 5,9 % setzen voraus, dass man einiges wegstecken kann. Bei Camba Bavaria hat man sich für eine dezente Hopfung mit den Sorten Northern Brewer, Fuggles, Goldings und vor allem Blanc und dadurch für filigrane Zitrus- und Fruchtaromen entschieden. Die Grisettes des 19. Jahrhunderts hingegen sollen ordentlich bitter gewesen sein.

Adresse Camba Bavaria, Gewerbering 3, 83370 Seeon, Tel. 08624/4073300, www.cambabavaria.de | **Bierprofil** um die 35 Sorten, teils traditionelle, vorwiegend internationale Bierstile, einige davon in vorbelegten Holzfässern ausgebaut | **Öffnungszeiten** siehe Kapitel 28 | **Bezug** Ausschankorte und Verkaufsstellen auf der Website, deutschlandweit im Fachhandel | **Tipp** Im nicht weit entfernten Salzburg betreibt die Stieglbrauerei eine beeindruckende Biererlebniswelt mit eigenem Miniatursudhaus für bisweilen verwegene Kreationen, die nur vor Ort zu haben sind.

28__Sweet Stout

Verboten, aber nicht nur deshalb gut

Bayern ist der Himmel der Brauer, solange man sich dem Reinheitsgebot unterwirft. Wenn nicht? Die Hölle! Denn im Freistaat werden Ausnahmegenehmigungen generell nicht erteilt, obwohl das Bundesverfassungsgericht angemahnt hat, sie großzügig zu vergeben. In allen anderen Bundesländern sind sie reine Formsache, wenn etwas anderes als Wasser, Malz, Hopfen und Hefe ins Spiel kommt.

Womit muss man rechnen, wenn man sich dennoch traut, seine Würze anders als vorgeschrieben zu vergären? Im Februar 2014 erhielt Camba Bavaria, die aus dem Demonstrationssudhaus eines Brauanlagenbauers hervorgegangene Mutter der süddeutschen Gourmetbier-Bewegung, unangemeldeten Besuch: Lebensmittelaufsicht. Beanstandet wurde die Sorte Milk Stout, ein international mit Preisen dekoriertes dunkles Ale. Zwar sei, so das Gutachten der Behörde, ein Milk Stout auf den Britischen Inseln ein anerkannter Bierstil, aber eben nur dort. Der Bestand musste daher vernichtet werden.

Die Sachlage im Detail: Der Namensteil »Milk« ist ernst gemeint, bei diesem Bierstil steht Milchzucker auf der Zutatenliste. Zudem Haferflocken: auch verboten! Um dem Konflikt zu entgehen, hatte Camba Bavaria auf das Etikett nicht Bier geschrieben, sondern »sonstiges Getränk«. Keine Chance! Denn was als Bier definiert wird, legt der Zoll fest, er ist für die Biersteuer zuständig. Die Bezeichnung »sonstiges Getränk« sei zudem eine Irreführung des Verbrauchers.

Camba Bavaria mag das Kräftemessen etliche Liter gekostet haben, langfristig aber hieß der Blamierte Bayern. Wenn seither die cremig süße, nach Schokolade und Haselnuss mundende Britin auf dem Produktionsplan steht, fährt der Braumeister ins benachbarte Österreich. Dort kann er sie unter dem neuen Namen Sweet Stout anstandslos brauen. Weil Camba Bavaria den Sud zwangsläufig nach Deutschland einführen muss, ist sogar die Bezeichnung »Bier« kein Problem mehr.

Adresse Camba Bavaria, Gewerbering 3, 83370 Seeon, Tel. 08624/4073300, www.cambabavaria.de | **Bierprofil** um die 35 Sorten, teils traditionelle, vorwiegend internationale Bierstile, einige davon in vorbelegten Holzfässern ausgebaut | **Öffnungs-zeiten** Biererlebniswelt und Gasthausbrauerei Truchtlaching (Mühlweg 2, 83376 Trucht-laching): Di–Do ab 15 Uhr, Fr, Sa ab 10 Uhr, tägliche Brauereiführung, Termine für Biertastings und Mitmach-Braukurse auf der Website; Brewpub in der Camba Old Factory (An der Weberei 1, 89423 Gundelfingen): Fr, Sa 17–22 Uhr | **Bezug** Ausschankorte und Verkaufsstellen auf der Website, deutschlandweit im Fachhandel | **Tipp** Der österreichische Braupartner von Camba Bavaria, das Landbrauhaus Hofstetten in Sankt Martin im Mühl-kreis, braut auch für sich selbst mit in Bayern verbotenen Zutaten wie Honig und Kürbis.

29__Kastanienbier

Die Landschaft formte dieses Bier

Craft Beer bedeutet immer ein Mehr an Aufwand. Trotzdem bürden sich gerade die unzähligen, meist nur regional bekannten Gasthausbrauereien, die in den letzten gut 20 Jahren überall im Land neu entstanden sind, gern eine höllische Extraarbeit auf. Was motiviert sie? Christoph Werner ist ein Paradebeispiel dafür, dass die Betreiber in ihrem Inneren oft auch Künstler sind – getrieben von der Herausforderung, die Einzigartigkeit eines Landstrichs in ein Getränk zu übersetzen.

1995 eröffnete Werner in einem ehemaligen Eisenwarenladen in Gaggenau, einer Kleinstadt am Fuß des Schwarzwalds, eine Einkehr für Speis und Trank, das Christoph Bräu. Kastanienwälder prägen die Region, laden zu ausgedehnten Spaziergängen ein. Die alten Römer sollen den wärmeliebenden Baum aus dem Süden mitgebracht haben. In Notzeiten sicherte er das Überleben. Brot, Brei, Ersatzkaffee – dereinst hat man seine Früchte zu so ziemlich allem verarbeitet. Außer zu Bier, denn es ist nicht möglich, ihre Stärke durch Mälzen in Zucker umzuwandeln.

Das Christoph Bräu hat das Kastanienbier nur einmal im Jahr im Ausschank, im Oktober. Denn die Gaggenauer wollen es dann trinken, wenn die Früchte reif sind und vor ihren Augen vom Baum fallen. Gebraut wird es deshalb mit Maronen vom Vorjahr, die nach dem Auflesen schonend getrocknet wurden. Erster Brauschritt: Die Bollen werden gemahlen. Mitsamt der braunen Schale. Ihr ist es zu verdanken, dass das Kastanienbier des Christoph Bräu deutlich nach jener Zutat schmeckt, die laut Reinheitsgebot eigentlich streng verboten ist.

Hingegen wird beim ersten Kastanienbier der Welt, dem 1996 von der gleichnamigen korsischen Brauerei kreierten »Pietra«, nur das Fruchtfleisch verwendet. Deshalb sucht man dort vergeblich nach dem gewünschten Aroma. Beide Versionen basieren auf konventionellem Gerstenmalz, die gemahlenen Kastanien werden lediglich zugesetzt.

Adresse Christoph Bräu, Alois-Degler-Straße 3, 76571 Gaggenau, Tel. 07225/70393, www.christophbraeu.de | **Bierprofil** Pils, Weizen, saisonal unter anderem Kastanienbier, Holunderblütenbier, Bockbiere, Alt | **Öffnungszeiten** Braugasthaus: Mo–Fr 11–14 und ab 16 Uhr, Sa, So durchgehend ab 11 Uhr; Biergarten im Kurpark Bad Rotenfels (Badstraße 7, 76571 Gaggenau): April–Sept. Mo–Sa ab 14 Uhr, So und feiertags ab 10 Uhr | **Bezug** Ausschank nur im eigenen Gasthaus, Flaschen (Handabfüllung) ebenfalls nur dort | **Tipp** Auf der anderen Seite des Schwarzwalds, in Simmozheim, entstehen in der Hausbrauerei Mönchwasen nebst den naturbelassenen Klassikern Lager und Weizen ebenfalls wechselnde Saisonbiere. Highlight dort: das Holunderweizen.

30__Mad Callista

Leicht ist schwer was …

Wie auch immer man zu all den verrückten Bieren dieses Buches steht, eines müssen sogar die schärfsten Kritiker zugeben: Craft Beer mischt die Branche mit ganz neuen Tönen auf. Ähnlich wie anno dazumal der Sound der Beatles die Plattenindustrie. Für beide gilt: Als sie nach Deutschland geschwappt sind, überschlugen sich die Fans, wenn es darum ging, den persönlichen Favoriten zu nennen. Beim Bier ging es dabei zu wie in den 80ern im Freibad: Gewonnen hatte, wer wie beim Autoquartett die krassesten technischen Details nennen konnte: Alkoholgehalt, Stammwürze, Anzahl verbrauter Hopfensorten. *Live hard – die young!* In Beatles-Zeit gemessen sind wir inzwischen bei John Lennons ausgewogen-sanftem »Imagine« angekommen. Einer der Wegbereiter, die heute selbstverständliche Eigenschaften wie Drinkability und die Vereinbarkeit von After-work-Bierchen mit dem Führerschein in den Vordergrund geschoben haben, stammt ausgerechnet aus einer Brauerei, die unter Craft-Beer-Jüngern eigentlich so verhasst sein müsste wie unter Beatles-Fans der Schlagerknabe Heintje. Wäre es nicht schön, ein vergleichbar fruchtig-aromatisches Leichtbier zu haben? Diese Frage stellte man sich im Entwicklungslabor eines Fernsehwerbungsbiers. In der Pilotbrauerei von Bitburger entstanden schon seit 1991 ausgefallene Kreationen. Einige kamen so gut an, dass 2013 für sie eine eigene Marke geschaffen wurde: Craftwerk Brewing.

Bei ihrem federleichten Mad Callista entschieden sich die Bitburger entgegen den Konventionen der Craft-Beer-Welt für eine untergärige Hefe. Im Gegensatz zur obergärigen produziert sie kein eigenes Fruchtaroma. So bekommt die in der bayerischen Hallertau angebaute Hopfensorte Callista den vollen Entfaltungsraum. Ihre satten Mango-, Maracuja- und Stachelbeeraromen, die bis in die hintersten Winkel der Nase aufsteigen, um wirklich alle Geschmacks-rezeptoren wach zu küssen, nur 3,9 % Alkohol und ein schlanker Körper: Rinnt, rinnt und rinnt.

Adresse Craftwerk Brewing, Bitburger Braugruppe, Römermauer 3, 54634 Bitburg, Tel. 06561/140, www.craftwerk.de | **Bierprofil** Mad Callista, Horny Ariana (Bock), Skipping Stone und Tangerine Dream (Pale Ales), Hop Head IPA, Howly Cowl (Triple), Dark Season (Sweet Stout) | **Öffnungszeiten** Biererlebniswelt mit stündlicher Brauerei-führung (Fokus auf der klassischen Marke aus der Fernsehwerbung): April–Okt. Mo–Fr 10–19 Uhr, Sa und Feiertage bis 18 Uhr, So 11–16.30 Uhr, Nov.–März Di–Sa und Feiertage 10–18 Uhr, So 11–16.30 Uhr | **Bezug** Onlineshop auf der Website, deutsch-landweit im Fachhandel | **Tipp** Auch der Gigant Becks versucht, auf dem Craft-Beer-Markt mitzumischen. Nach Anfangsschwierigkeiten hat sich sein Pale Ale immerhin zu einem gut trinkbaren Einsteigerbier gemausert.

31__Rest In Peace

Das Bier, das Winzern das Fürchten lehrt

Krieg sei der Vater aller Dinge, lehrt der griechische Philosoph Heraklit. Ein böser, fatalistischer Satz. Der aber leider stimmt. Zumindest, was ein in Deutschland bis vor wenigen Jahren so gut wie unbekanntes Getränk betrifft, dessen Name suggeriert, es entstamme der Kunst des Kellermeisters. Ein Barley Wine will gar kein Bier sein. Er schmeckt, als würde man an einem Portwein oder Sherry nippen.

Nachdem Napoleon am 21. November 1806 mit der Kontinentalsperre verfügt hatte, die Britischen Inseln vom europäischen Warenverkehr abzuschneiden, um sie auszuhungern, saß man dort vor leeren Weingläsern. Die Legende besagt, dass britische Brauer ihre dunklen Ales auf 9 % Alkohol und mehr hochschraubten und im Fass ausbauten. In einem Akt des Patriotismus. Damit kein Landsmann Beaujolais, Bordeaux und Co. vermissen müsse.

»Rest In Peace« haben die Craft-Bier-Künstler von Crew Republic einen Barley Wine getauft, der der Geschichtsforschung schluckweise die wahren Gründe bewusst macht, warum Napoleons Wirtschaftsblockade ins Leere lief. Intensive Noten von Karamell und Rosinen eröffnen das Genusserlebnis, werden von getrockneten Pflaumen und erdigen Holztönen abgelöst. Maßlosigkeit in Flaschen, 10,1 % Alkohol stark. Ein Trunk, der das Potenzial hat, den Ruf des Rotweins zu schädigen, denn es heißt nicht von ungefähr, dass Bier mit mehr Aromen aufwarten könne als aus Trauben Gekeltertes.

Crew Republic, das sind Mario Hanel und Tim Schnigula, die im Frühjahr 2011 ihre ersten Kreationen in einer Hinterhof-WG im Münchner Glockenbachviertel angesetzt haben. Auf einen zähen Anfang – der Bayer ist ja von Kindesbeinen an auf Helles geeicht – folgte ein kometenhafter Aufstieg zu Süddeutschlands Superstars am Sudkessel. 2015 bezog das Duo in Unterschleißheim, einer Kleinstadt im Münchner Speckgürtel, ihr eigenes Brauhaus. Alle ihre Biere entsprechen dem Reinheitsgebot.

Adresse Crew Republic, Andreas-Danzer-Weg 30, 85716 Unterschleißheim, Tel. 089/411471290, www.crewrepublic.de | **Bierprofil** Rest In Peace, Hop Junkie, In Your Face, 7:45 Escalation und Drunken Sailor (India Pale Ales), Easy (Sommerbier), Foundation II (Pale Ale), Roundhouse Kick (Imperial Stout), unregelmäßig Sondersude | **Öffnungszeiten** geöffnet nur zu Brauereifesten, Termine auf Facebook | **Bezug** Onlineshop auf der Website, deutschlandweit im Fachhandel | **Tipp** Am Bierstil Barley Wine hat sich auch die Cast-Brauerei aus Stuttgart versucht, ihre Version erreicht den typischen hohen Alkoholgehalt durch Zugabe von Zucker.

32___Blonde
… und dein Pils wird blass vor Neid!

Eigentlich soll das Europäische Patent- und Markenrecht ja dazu dienen, Unternehmen davor zu schützen, dass auf ihrem Territorium tolldreiste Kaperfahrten stattfinden. Wettbewerb bitte! Aber ohne Diebstahl von imaginärem Eigentum wie Produktkreationen und -verfahren, sowie von etablierten Produktnamen. 2017 jedoch erlaubte Brüssel Slowenien einen bösen Beutezug. Hopfen, der in der österreichischen Steiermark angebaut wird, kann sich jetzt nicht mehr zu seiner Herkunftsregion bekennen. Wo steirischer Hopfen draufsteht, dürfen nur noch Dolden enthalten sein, die ein Land weiter südlich – in Slowenien eben – geerntet wurden.

Ein solcher steirischer Hopfen ist die wichtigste Zutat des Blonde, des Pale Ale der 1888 gegründeten Flensburger Brauerei. Genauer gesagt: die Aromasorte Styrian Golding Celeia, die auf die Kreuzung einer englischen Kulturpflanze mit einem Wildhopfen zurückgeht und intensive Pinien-, Zitronen- sowie blumige Noten auf den Malzkörper aufträgt. Ein Pale Ale ist, der Name sagt es, ein blasses, also hellgelbes Obergäriges. Seine eigentliche Heimat sind Belgien und die Britischen Inseln, von dort wanderte es in die USA aus. Es hat einen jugendlich spritzigen Charakter, gilt als perfekter Sommertrunk und war, obwohl mit dem Reinheitsgebot konform, noch vor zehn Jahren in Deutschland nahezu unbekannt.

Die Flensburger Brauerei füllt ihre mit 6,1 % recht starke, mit einer original belgischen Hefe vergorene Version, die so ausgefuchst komponiert ist, dass sie jedem noch so guten Pils im Handumdrehen den Trinker ausspannt, natürlich in Bügelverschluss-Flaschen ab. Die Älteren erinnern sich: Wenn es bei Werner, dem Comic-Biker mit der langen Nase, in den 1980ern »Plopp« machte, dann hatte er ein Flens in der Hand. Ein Bier aus jener Familienbrauerei, die sich als eine der letzten des Nordens gegen die Übermacht der Großkonzerne zu behaupten weiß.

Adresse Flensburger Brauerei, Munketoft 12, 24937 Flensburg, Tel. 0461/8630, www.flens.de |
Bierprofil Blonde, Dark Amber, Bölkstoff, zwei Pilssorten, Helles, Kellerbier, Dunkles, Weizen,
zwei Böcke | **Öffnungszeiten** Direktverkauf: Mo–Fr 11–13 und 15–17 Uhr; Termine für
Brauereiführungen und Braukunstschulungen auf der Website | **Bezug** regional im Getränke-
handel, deutschlandweit im Fachhandel | **Tipp** Wer einen Ausflugstipp für die Nordseeküste
sucht: Die Gasthausbrauerei Husums Brauhaus offeriert zwar traditionelle Sorten, aber auch
ein für die Region recht innovatives Weizen. Wo? In Husum natürlich (Neustadt 60–68).

33_IPA

Geburtsort des Berliner Craft-Beer-Hypes

Um 1900 stillten in Berlin über 130 Brauereien den Durst der explosionsartig wachsenden Bevölkerung. Dazu doppelt so viele Wirtshäuser, die ihren Gästen Selbstproduziertes einschenkten. Und 100 Jahre später? Im Zuge der Wiedervereinigung waren die letzten Reste der Vielfalt auf einen einzigen lokalen Konzern zusammengeschrumpft, die Berliner-Kindl-Schultheiss-Brauerei. Bier zählte wahrlich nicht zu den Symbolen der Hauptstadt.

Bis Anfang der 2010er Jahre Pioniere wie das Flessa Bräu gegen die schwer trinkbaren Plörren einschritten. Ihnen ist es zu verdanken, dass in Windeseile weit über 60 Craft-Beer-Labels wie Pilze aus dem Boden schossen. Die genaue Zahl kennt niemand, denn gefühlt entstehen minütlich in Hinterhöfen und Kellern neue Marken und Kleinstsudstätten.

Seinen Ursprung hat das Flessa Bräu auf dem Balkon von Christoph Flessa. Dort entstanden seine ersten Sude. 2012 sagte er seinem Brotberuf – Deutschlehrer für Migranten – Adieu und eröffnete in Friedrichshain in einem ehemaligen Schlachthaus eine der ersten Kiezbrauereien neuen Stils. Flessas Sortiment konzentriert sich heute wie damals darauf, bei klassischen Stilen wie Pils und Weizen eine geschmacklich haushoch überlegene Alternative zu bieten. Nur unregelmäßig erlaubt ihm seine kleine Anlage, dass er sich auch der Königsdisziplin der neuen Berliner Bierkultur hingibt, dem obergärigen, schwer hopfenaromatischen India Pale Ale, kurz IPA. Während sich viele Kollegen bei diesem britischen Starkbier mit einer immer noch dicker aufgetragenen Aromenfülle überbieten, mahnt seine Version, man möge doch bitte auf dem Boden der Drinkability bleiben. Bei ihm halten sich ein karamelliger Malzkörper, sanfte Fruchtnoten und eine sehr verhaltene Bittere gleichberechtigt in Balance. Ein IPA für die unaufgeregten Momente im Leben. Soll das hektische Großstadtleben doch für einen Wimpernschlag woanders toben.

Adresse Flessa Bräu, Petersburger Straße 39, 1. Hinterhof, 10249 Berlin, Tel. 030/23470831, www.brauerei-flessa.de | **Bierprofil** IPA, Pils, Export, Schank (Leichtbier), Red Lager Mandarina (hopfengestopftes Rotbier), Weizen, ExtrAle (Pale Ale) | **Öffnungszeiten** kein Direktverkauf, jeden Samstag ganztägiger Braukurs, unter der Woche Mitbrau-Tag für Fortgeschrittene möglich | **Bezug** Verkauf ausschließlich in der Region, Kneipen und Fachgeschäfte auf der Website | **Tipp** Eines der bestsortierten Fachgeschäfte der Hauptstadt findet man ebenfalls in Friedrichshain: Getränkefeinkost Berlin in der Boxhagener Straße. Was der Name nicht vermuten lässt: Sein Stammhaus befindet sich in Magdeburg, Filialen gibt es in Leipzig, Lüneburg und Münster.

34__Modern Times
Die Rückkehr der Dose

An Neujahr 2003 verschwand es aus den Supermarktregalen, und keiner hat ihm nachgetrauert, dem Dosenbier. Für alle, die zu jung sind, um sich zu erinnern: Bier aus Blecheimerchen war damals das Billigste vom Billigen, ein flüssiges Irgendwas für immer klamme Outlaws. Die Einführung von 25 Cent Pfand versetzte ihm den Todesstoß.

Mit Camba Bavaria (siehe Kapitel 27/28) wirbt ausgerechnet eine der renommiertesten deutschen Gourmetbier-Brauereien dafür, der Dose eine zweite Chance zu geben. Der Grund: Wortführer der US-Craft-Beer-Szene haben die UV-Strahlung zum Hauptfeind des guten Geschmacks erklärt. Weil Glas lichtdurchlässig ist, bildet sich, so ihr Hauptargument, bei Flaschenbieren ein Stoff, der auch im Analsekret von Stinktieren enthalten ist, das Terpenoid 3-Methyl-2-buten-1-thiol. Stimmt. Aber nur bei unsachgemäßer Lagerung. Dosen hingegen kann man auch in die Sonne legen.

Als Camba Bavaria für seinen Standort Gundelfingen einen Braumeister suchte, handelte Enzo Frauenschuh aus, dass er die Anlage und ihren brandneuen Dosenfüller auch für eigene Sude nutzen darf. Er gründete Frau Gruber, das erste deutsche Craft-Beer-Label, das seine Flüssigkeiten ausschließlich in lichtdichtem Blech in den Handel bringt. Gemeinsam mit Matthias Gruber, der zuvor im nahen Augsburg den Craft-Beer-Onlineshop Liquid Hops hochgezogen hatte.

Die für die Studentengeneration von heute neue Verpackung dürfte viel dazu beigetragen haben, dass Frau Gruber schlagartig zur Kultmarke avancierte. Dank ihr fiel den Youngstern nicht weiter auf, dass sich zum Beispiel die Sorte Modern Times, ein unfiltriertes Lager, gar nicht so epochal von dem abhebt, was die regionale Traditionsbrauerei Schimpfle als Lösch-Zwerg, ein in 0,33-Liter-Fläschchen umgefülltes Helles, anbietet. Lecker. Handwerklich absolut gekonnt. Perfekt für Schlamper: Balkon, Fensterbrett, egal wo, einfach hinstellen.

Adresse Frau Gruber, An der Weberei 1, 89423 Gundelfingen, Kontakt: Liquid Hops, Provinostraße 52/A 2, 86153 Augsburg, Tel. 0170/7632285, www.liquidhops.de, www.loesch-zwerg.de | **Bierprofil** Modern Times, 24/7 (Kellerbier), Green is Lord (Pale Ale), Hounds of Hell, Yeast is King und Sunrise to Sunset (IPAs), Butcher's Lamb und Nectar of Gods (Imperial IPAs), Black Sun (Stout) | **Bezug** deutschlandweit im Fachhandel | **Tipp** Das Jahrgangsbier des Schwarzbräu aus Zusmarshausen bei Augsburg beweist, dass auch diese Traditionsbrauerei mehr kann als Pils und Helles. In Champagnerflaschen abgefüllt wird immer eine andere, von einem internationalen Bierstil inspirierte High-End-Sorte.

35 Pfefferkørner White
Sauer macht scharf

Frage 1: Was ist ein Lichtenhainer? A: ein Bewohner eines Stadtteils von Gera. B: ein ausgestorbener deutscher Bierstil.

Frage 2: Was ist eine Mumme? A: eine dicke Nacktschnecke. B: ein ausgestorbener deutscher Bierstil.

Frage 3 – dank ihr fällt es leicht, alles richtig zu beantworten: Was ist ein Adambier?

Im Who's who der Persönlichkeiten, die sich um die Wiedergeburt verschwundener Bierstile verdient gemacht haben, gebührt dem Autodidakten Sebastian Sauer eine Sonderstellung. Frustriert vom allzu einheitlichen Geschmack deutscher Untergäriger, entdeckte er bei Hamsterfahrten nach Belgien, welche immense Vielfalt dort bis heute überlebt hat. Es machte klick. Nach einer kaufmännischen Lehre heuerte er in der Braustelle in Köln an (siehe Kapitel 23). Dort ließ er das Lichtenhainer wiederauferstehen, ein mit Milchsäure vergorenes, leichtes Sauerbier, das Franz Kafka gern getrunken haben soll. Sein erster Streich. 2009 folgte die Gründung des Labels »Freigeist Bierkultur«. Sauer arbeitet weltweit, aber nicht gern allein. Dies gilt auch für Kreationen, bei denen er die Grenzen dessen neu definiert, was so alles den Namen Bier verdient.

Im Fall des Pfefferkørner White machte er sich mit Hennes' Finest eine blutjunge Gewürzhandlung aus Köln zum Partner, die sich auf Pfeffer aus der kambodschanischen Provinz Kampot spezialisiert hat. Er wird von Hand geerntet und sortiert und hat seinen Preis. Erster Schritt: Sauer kocht einen Weizenbiersud. Vergoren wird er wider alle Konvention mit jener obergärigen Hefe, die eigentlich für das Kölsch, ein Gerstenbier, reserviert ist. Ergebnis: ein feinperliger, süßlicher Trunk mit intensiven Honig- und subtilen Nelkennoten. Im zweiten Schritt wird weißer Kampot-Pfeffer zu einem Sud verflüssigt, der dem lieblichen Weizen einen scharfen Stich versetzt. Mischungsverhältnis 99:1. Nicht historisch. Dafür krass und geil.

Adresse Freigeist Bierkultur, Diepenlinchener Straße 20, 52224 Stolberg, Tel. 0152/34012284 | **Bierprofil** Pfefferkørner White, Abraxxxas (Lichtenhainer), Methusalem (Adambier, siehe Kapitel 97), Geisterzug (Gose), Berliner Scheisse (Braunbier) und andere | **Bezug** deutschlandweit im Fachhandel, Pfefferkørner White zudem bei Hennes' Finest (Moltkestraße 125, 50674 Köln, www.hennesfinest.com) | **Tipp** Der Kölner Burgerladen »Fette Kuh« (Bonner Straße 43) offeriert seinen Gästen ein Bier, das Sebastian Sauer nur für ihn kreiert hat, das »Fette IPA«.

36__Rauch Royal

Keiner hopft wie er …

Glücklich schätzen sich all jene Bierzauberer, in deren Brauhaus ein Kühlschiff die Zeit überdauert hat. Die Lebensmittelaufsicht erlaubt zwar, bestehende Exemplare weiter zu nutzen, nicht aber, neue zu bauen. Sie befürchtet, dass Unerwünschtes ins Trinkgut rieselt. Ein Kühlschiff ist eine flache, gern über 16 Quadratmeter große Wanne, die Standard war, als man sich nur auf die Gesetze der Natur verlassen konnte. Sie dient dazu, die eben im Sudkessel gekochte Würze für den nächsten Brauschritt, die Vergärung, abzukühlen. Große Oberfläche, große Wirkung.

Ende 2010 bezog Andreas Gänstaller in einem kleinen Dorf in Franken ein aufgegebenes Brauhaus. Dort kann er mit einer Technik hopfen, die nur den Glücklichen gegönnt ist. In seinem Kühlschiff gestaltet er mit dem Gewürz des Bieres Kanäle und Dämme – eine ganze Polderlandschaft. Dann kommt die Flut. Aus einem Rohr schießt die kochend heiße Malzzuckersuppe herbei, sucht sich ihren Weg und wäscht dabei Bitterstoffe und Aromen aus den Dolden heraus.

Gänstaller wurde 2016 von der weltgrößten Biercommunity ratebeer.com zu Deutschlands bestem Brauer gekürt. Deren Mitglieder wissen, weshalb seine Kreationen die Geschmacksgrenzen neu zu definieren vermögen. Das 8,2 % starke »Rauch Royal« zum Beispiel transferiert das archaische, vor Schinkenaroma strotzende Rauchbier, das außerhalb seiner Heimat Franken schon seit Urzeiten ausgestorben ist, in die Hipsterszene der USA. Dort muss ein Bier eine Konsistenz haben, die an Crema erinnert, und mindestens 70 knackige Bittereinheiten (ein deutsches Pils hat um die 35). Motueka heißt die Hopfensorte, die hierfür im Kühlschiff Wunder wirkt.

»Ui«, freut man sich hierzulande über das Bouquet an Fruchtaromen, wo man mit traditionellem Rauchbier mitunter konserviertes Beinfleisch vom alten Schwein assoziiert. »Wow!«, staunt man in den USA: ein Raucharoma so zart wie Babyhaut.

Adresse Gänstaller Bräu, Schnaid 10, 91352 Hallerndorf, Tel. 0170/7964691, www.gaenstaller.de | **Bierprofil** über 35 Sorten, alle untergärig, auch der »Amber Weizenbock«, überwiegend nach dem Reinheitsgebot gebraut | **Bezug** Gänstaller Bräu wird fast ausschließlich in die USA, nach Skandinavien und Italien exportiert. Glücklich, wer in Deutschland im Fachhandel ein paar Flaschen ergattern kann. | **Tipp** Im nicht weit entfernten Dorf Pretzfeld baut Nikl Bräu Bockbier in Fässern aus, in denen der Nachbar, ein Schnapsbrenner, vorher Birnen vergoren hat. Das Besondere: Wenn sie befüllt werden, enthalten sie noch einen Rest Obstmaische.

37 _ Lemondrop Triple

Die Bayern wollen's schon wieder

Wenn in den Häuserschluchten von München der Ruf »Wir holen uns das Triple!« erklingt, dann sind die Fans des FC Bayern unterwegs, um hinaus in die Arena zu ziehen und ihrem Lieblingsverein zu huldigen. Meistens jedenfalls – aber nicht immer. Es könnten auch Gambrinusjünger auf dem Weg zu ihrem neuen Lieblingsbier sein.

Unter einem Triple (oft auch Tripel geschrieben) verstehen Freunde außergewöhnlicher Biere nämlich eine obergärige Sorte, die nur selten gebraut wird. Wie ihr kleiner Bruder, das dunkle Dubbel, stammt sie aus Belgien. Dort wurde sie von Trappistenmönchen entwickelt, in deren Kellern sich besonders belastbare Hefestämme eingenistet hatten, die ihre Arbeit auch bei einem schon hohen Alkoholgehalt fortsetzen. Triple sind in der Regel hell bis bernsteinfarben und haben zwischen 7 und 10 % Alkohol. Die Namen Dubbel und Triple dürften sich vom Bedürfnis des Kellermeisters herleiten, den Überblick zu behalten. Fässer mit Bier von einfacher Stärke bekamen das Kennzeichen X, mittlere ein doppeltes X und die ganz starken eben das Triple: XXX.

Mit 7,5 % liegt das Lemondrop Triple der Giesinger Biermanufaktur zwar im unteren Bereich, aber das muss kein Nachteil sein, vor allem dann, wenn man sich als Neuling in die Welt der belgischen Starkbiere hineintrinken will. Und natürlich haben die Brauer ihr Vorbild nicht einfach kopiert. Ihr Namensgeber ist der amerikanische Aromahopfen Lemondrop, eine Züchtung, die erst seit wenigen Jahren auf dem Markt ist. Er macht sich mit kräuterig-würzigen Zitrusnoten bemerkbar, die sich mit den für ein Triple typischen blumigen Fruchtaromen bestens verstehen, die auf eine belgische Hefe und Malz der Sorte Pilsner zurückgehen.

Ob so ein Bier auch bei Bayern-Fans ankommt? Sie meinen, ihr Verein solle die Giesinger bitten, in der nächsten Saison den Bierverkauf bei ihnen zu übernehmen. Das Triple wäre ihnen dann sicher.

Adresse Giesinger Biermanufaktur, Martin-Luther-Straße 2, 81539 München, Tel. 089/65114911, www.giesinger-braeu.de | **Bierprofil** Triple, Pils, Dunkles, Weizen, Alt, Baltic Porter, Stout, diverse Böcke, Barley Wine und andere | **Öffnungszeiten** Direktverkauf: Mo–Fr 9–19 Uhr, Sa 9–13 Uhr; Bräustüberl: täglich ab 11 Uhr | **Bezug** deutschlandweit im Fachhandel | **Tipp** Isarkindl aus Freising hat sich zum Ziel gesetzt, die bayerische Bierkultur sanft, aber bestimmt zu erneuern. Ihre Sorten sind zugleich traditionell und modern.

38_ Gersdorfer Ale

Das beste Bier Deutschlands

Was wäre unsere Welt ohne die Steigerung von perfekt, auch wenn sie im Grunde gar nicht möglich ist? Aber heutzutage ist nur das Optimale gut genug. Beste Zutaten sind schließlich beim Bier normal. Und beste Qualität auch.

Welches deutsche Pils, Ale, Alt oder Stout besser als perfekt ist, darüber stimmen zwölfmal im Jahr die 1.500 Mitglieder des Pro-Bier-Clubs ab. Nachdem sie 2015 bereits im Oktober einen absoluten Außenseiter zu ihrem Bier des Monats gekürt hatten, erklärten sie ihn schließlich zu ihrem Bier des Jahres. Dieses Allerperfekteste kommt, man mag es fast nicht glauben, aus Sachsen – in Sachen Braukunst eigentlich ein Sorgenkind unter den 16 Bundesländern – und hört auf den Namen Gersdorfer Ale. Gersdorf ist eine 4.000-Seelen-Gemeinde im Kreis Zwickau. Seit 1880 darf sie sich darüber freuen, dass sie dank der Glückauf-Brauerei in einem weiten Umkreis in aller Munde ist. Dass die Sudstätte zu DDR-Zeiten nicht der Zentralisierung der Getränkeindustrie zum Opfer fiel, zeugt von hohem Qualitätsbewusstsein.

Im Urlaub entdeckte Astrid Peiker, Geschäftsführerin des 1991 reprivatisierten Betriebs, den fruchtig-herben Geschmackskosmos der Craft Biere. Sie kam mit der Vision nach Hause zurück, den vielen India Pale Ales dieser Welt eine sächsische Variante entgegenzustellen: schön spritzig und nicht so herb. Zahm, mögen Hardcore-Hopfenfreaks unken, denen die Bittereinheiten nicht hoch genug sein können. Optimal auch als Alltagsbier, freuen sich hingegen die mächtig stolzen Gersdorfer, dank perfekter Drinkability, fein duftender Zitrus- und Mangonoten auf einem angenehmen Karamellbett und – für diesen Bierstil »nur« – 6,8 % Alkohol.

Der ProBier-Club ist übrigens nicht das einzige Expertengremium, dem die Exzellenz der Glückauf-Brauerei aufgefallen ist. Auch beim Meininger International Craft Beer Award regnet es regelmäßig Medaillen.

Adresse Glückauf-Brauerei, Hauptstraße 176, 09355 Gersdorf, Tel. 037203/9100, www.glueckaufbiere.de | **Bierprofil** Gersdorfer Ale, Kräusenbier, diverse Pils-Varianten, Helles, Dunkles, Bock | **Öffnungszeiten** Direktverkauf: Mo 8–14 Uhr, Di–Fr 8–19 Uhr, Sa 8–18 Uhr | **Bezug** Onlineshop auf der Website, im regionalen Getränkehandel | **Tipp** In Zwickau haben die fünf Mitglieder der Punkrockband »Kevin« ihr Repertoire um fünf Biersorten erweitert. Gemeinsam betreiben sie die mit 1.500 Litern Jahresausstoß recht kleine »Kevin Brewery«.

39__Rote Hexe
Jeder Abschied ist ein Neubeginn

Bremen, Sitz des Pilsgiganten Beck's, ist nicht gerade für seine Biervielfalt bekannt. Entsprechend groß war die Begeisterung der »Hopheads«, der eingefleischten Fans von stark mit Aromahopfen nachgewürzten Ales, als 2014 im schnuckeligen Altstadtviertel Schnoor ein Laden eröffnete, in dem andersartige Geschmackswunder in 50-Liter-Einheiten gebraut, ausgeschenkt und zum Mitnehmen feilgeboten wurden. Dann der Schock: Nach nur eineinhalb Jahren schloss ihn Tobias Grebhan wieder. Grund: der Erfolg.

Für den Autodidakten war die Taschenausgabe eines Brewpubs nur ein Test. Er hatte Größeres vor: eine richtige Brauerei mit genügend Kapazität, um von seinen handwerklichen Alltagsbieren, seinen himmlisch aus dem Glas duftenden Hopfenbomben und seinen verspielten bis waghalsigen Kompositionen wie einem Stout mit Kaffeebohnen, einem Gagel-Gruit und Fruchtbieren leben zu können. Selbst wer nur seine Rote Hexe gekostet hat – eines der wenigen dunklen India Ales, das mit Roggenmalz gebraut wird –, weiß, dass es ihm gelingen wird. Schenken wir uns die Dame doch einfach mal ins Glas. Erst ansehen: Das Bier und der Schaum haben einen Rotstich. Jetzt riechen: Blutorange, Honig, etwas Pinie. Unwiderstehlich! Nun den Mund füllen: wieder Honig. Aber in ein ganz anderes Aromenspektrum eingebunden. Waldbeere dominiert. Dazu Harz und Tannennadeln. Die Bittere: so dezent eingetupft, dass sie nur gefallen kann.

Seine neue Größe macht Tobias Grebhan manches nicht leicht. Bei Bieren, die nicht dem Reinheitsgebot entsprechen, muss er sich jetzt mit der Lebensmittelaufsicht abstimmen. Zutaten wie Gagel, ein Strauch, der im Mittelalter Standard war, sind für die Behörde Neuland. Weil in Bremen vorgeschrieben ist, dass sich eine neue Brauerei nur an der Adresse einer alten oder in einem Industriegebiet niederlassen darf, hat sich Grebhans Bierhandwerk Anfang 2016 an den Stadtrand zurückgezogen.

Adresse Grebhans Bierhandwerk, Haferwende 29a, 28357 Bremen, Tel. 0421/3976697, www.grebhansbier.com | **Bierprofil** Rote Hexe, Hopfenwolf (India Pale Ale), Alt, Pale Ale, Saison, Stout, diverse Pilssorten, ständig Sondersude, insgesamt weit über 40 Sorten | **Öffnungszeiten** des von Tobias Grebhans Schwester betriebenen Brewpubs »Twobeers« (Feldstraße 19): täglich außer So ab 17.30 Uhr | **Bezug** deutschlandweit im Fachhandel | **Tipp** Die Union Brauerei, die zweite Craft-Beer-Sudstätte in Bremen, ist die Neugründung einer in den 1960ern eliminierten Traditionsmarke.

40__Pumpernickel Porter

Unser flüssiges Brot gib uns heute

Seit wann sich die Menschheit am Alkohol erfreut, liegt im Dunkel der Geschichte. Irgendwann um die Jungsteinzeit haben unsere Ahnen erkannt, dass man seine Sippe auch durch Getreide satt bekommt, sofern man es durch Mahlen oder Einweichen verdaulich macht. Einer der Breie, der eigentlich zum Brot hätte werden sollen, begann zu gären. Dank dieses Missgeschicks stand irgendwo im Nahen Osten plötzlich Bier auf dem Speiseplan.

Es ist also kein Widerspruch, wenn sich der Autodidakt Philipp Overberg darauf spezialisiert hat, Sorten aus vergangenen Jahrhunderten wiederzubeleben, das Paradebier seines Craft-Beer-Labels Gruthaus aber ein Dunkles ist, das auf durchgebackenem Schwarzbrot basiert. Die verbotene Zutat verstärkt die Süße, die bei einem Porter, dem zugrunde liegenden britischen Arbeiterbier, von Natur aus bereits massiv ist. Dazu intensive Aromen von gedörrtem Obst: viel Pflaume, etliche Rosinen, ein paar Apfelringe. Würden sich nicht auch dezente Hefenoten einschleichen, könnte man den Trunk trotz seiner nur 5,6 % Alkohol glatt mit einem lieblichen Damen-Sherry verwechseln.

Für sein Pumpernickel Porter lässt sich Overberg von der 1778 gegründeten, in den 1930ern aus seiner Heimat Münster nach Gelsenkirchen emigrierten Spezialbäckerei Prünte beliefern. Dass Braumalz einst mit alten Laibern gestreckt wurde, ist schon deshalb naheliegend, weil Bier bis zur Industrialisierung vorwiegend von Bäckern hergestellt wurde. Ein Blick zurück auf die immerwährende Not der einfachen Bevölkerung legt nahe, dass die Gewohnheit, übrig gebliebene Lebensmittel wegzuwerfen, sehr jungen Datums ist.

Gruthaus, der Name von Overbergs Label, verweist auf die norddeutsche Bierkultur des Mittelalters. Damals schränkten Verordnungen den Gebrauch von Hopfen ein, der nur im Süden kultiviert werden konnte, und schrieben regional unterschiedliche Kräutermischungen – »Grut« genannt – vor.

Adresse Gruthaus, Krummer Timpen 61, 48143 Münster, Tel. 0251/132917, www.gruthaus.de | **Bierprofil** Pumpernickel Porter, Hanfbier, wechselnde historische Biere mit Regionalbezug, Künstler-Editions-Biere | **Öffnungszeiten** Termine für Braukurse und Verkostungen mit Philipp Overberg auf der Website | **Bezug** Bezugsquellen auf der Website, deutschlandweit im Fachhandel | **Tipp** 40 Kilometer nördlich von Münster, in Lünne, kreiert die kleine Emsländer Landhaus-Brauerei auch ausgefallene Biere, darunter ein tiefdunkles Brown Ale.

41_Hopfenstopfer Citra Ale
Wir alle wurden wachgeküsst …

Die Kneipe ist voll, der Abend fortgeschritten, die Gespräche mäandern. Am Nachbartisch wetten sie bereits: Irgendwem wird sie gleich herausrutschen, die Frage nach dem ersten Mal. Wie, wann und wo? Details! »Der Moment, als ich damals mit der Zunge …« Beim einen war es so. Beim anderen auch! Denn bei allen war das Blondchen, das ihnen eine bis dato völlig unbekannte Dimension des Genusses offenbart hat, das Hopfenstopfer Citra Ale.

Hopfenstopfer, das ist die gefühlt dienstälteste deutsche Craft-Beer-Marke und zugleich der Spitzname des Braumeisters Thomas Wachno. Um einfach nur mal zu sehen, was dabei herauskommt, hatte er 2008 ein paar Hopfenpflanzen großgezogen. Was tun mit der Ernte? In den USA sei eine zweite Hopfengabe üblich geworden, hatte er gelesen. Zeitpunkt: erst nach dem eigentlichen Brauprozess. Bezeichnung dieser Technik: Hopfenstopfen. In Deutschland kannte man das nicht.

Nach vielversprechenden Versuchen stieg Wachno auf Dolden aus dem Handel um. Dann, im Frühjahr 2011, hieß es bei den Mitgliedern des ProBier-Clubs, die jeden Monat ein Paket mit anderen Fläschchen zugeschickt bekommen, schlichtweg »Wow!«. Die nun einsetzende Mundpropaganda revolutionierte etliches. Gourmettrinker suchten jetzt nach weiteren Aha-Erlebnissen. Hobbybrauer sahen einen Markt entstehen und warfen ihre Brotberufe hin. Hopfenstopfen etablierte sich als erste Pflicht eines jeden Kreativbrauers und als Trennlinie zwischen Craft und konventionell. Und Thomas Wachno verabschiedete sich von der Idee, sich selbstständig zu machen. Er gab seine Marke in die Hände der Familienbrauerei Häffner aus dem schwäbischen Bad Rappenau, bei der er noch heute in Lohn und Brot steht.

Wachnos 2011 kreiertes Citra Ale war der erste große Sud überhaupt, der in Deutschland während der Reifung mit Hopfen aromatisiert wurde. Das Bier, mit dem alles begann, wird noch immer gebraut.

Adresse Hopfenstopfer, Häffner Bräu, Salinenstraße 24, 74906 Bad Rappenau, Tel. 07264/8050, www.hopfenstopfer.brauerei-haeffner.de/shop | **Bierprofil** Citra Ale, Comet IPA, Incredible Pale Ale | **Öffnungszeiten** Ausschank der Hopfenstopfer-Biere im Braugasthaus des Häffner Bräu: täglich außer Fr ab 9 Uhr | **Bezug** Onlineshop auf der Website, deutschlandweit im Fachhandel | **Tipp** In vielen Gärten wachsen Zierhopfen, sie sind durchaus geeignet, das Hopfenstopfen selbst auszuprobieren. Wann? Im Herbst, wenn die Dolden reif sind. Wie? Ein ganz simples Helles in der Ploppverschluss-Flasche kaufen, zwei Dolden hineindrücken, wieder verschließen und zwei Tage im Kühlschrank ruhen lassen.

42___Backbone Splitter

Bierkünstler mit Wein im Blut

Kinder von Bäckern entwickeln eine gehobene Unlust auf Brötchen und Brot, verstören ihre Eltern mit dem Vorwurf, nicht in eine Metzgerei hineingeboren worden zu sein. Überträgt man diese Logik auf jene Getränke, die die Deutschen seit jeher in unversöhnliche Lager spalten, scheint der Werdegang von Christian Hans Müller von Anfang an vorgezeichnet gewesen zu sein.

1909 hatte sein Ururgroßvater, der Kellermeister Johann Jakob Müller, in Neuwied bei Koblenz eine Weinhandlung gegründet, die sich ab 1912 auch mit hauseigenen Destillaten einen Namen machte. Der Tod seines Vaters weckte bei Christian Hans Müller, der in der bayerischen Weinstadt Aschaffenburg aufgewachsen war, das Bedürfnis, mehr zu erfahren. Je tiefer er sich in seine Familiengeschichte hineinwühlte, desto klarer schälte sich heraus, dass er sie fortschreiben sollte, ihm aber Bier viel näher lag.

2010 der erste Versuch, den eigenen Weg zu finden: Christian Hans Müller baut Bier in Weinbrandfässern aus. Kurskorrektur. Der Zahnmediziner legt den Ballast der Vergangenheit ab. Ende 2012 hat er mit dem »Bayerisch Nizza«, einem mit Weizenmalz gebrauten Pale Ale, zu sich gefunden, das unverschämt elegante Obergärige wird in den In-Clubs der Republik als Sensation gefeiert. Kurz darauf sorgt sein »Backbone Splitter« dafür, dass Bierfreaks in aller Welt das Wasser im Mund zusammenläuft, wenn der Name seines Labels fällt: Hanscraft & Co.

Die orangegoldene Komposition, die nach Mango und Pfirsich duftet, sich im Mund wie ein mit Honig gesüßter Cocktail aus tropischen Früchten verhält und im Abgang eine zwar herausfordernde, aber nicht überfordernd dosierte Bittere zurücklässt, wurde als die bis dato schmackhafteste europäische Antwort auf die India Pale Ales der US-Brauereien gefeiert. Auf ratebeer.com, der international einflussreichsten Craft-Beer-Webplattform, erhielt sie die Traumnote 9,3.

Adresse Hanscraft & Co., Nordring 53–55, 63843 Niedernberg, Tel. 06028/4063650,
www.hc-co.de | **Bierprofil** Backbone Splitter, Bayerisch Nizza, Steve Hops (Pale Ale),
Black Nizza Motor Öl (extrem starkes Dunkles), Single Hop (Lager) und andere,
wechselnde Sonder- und Kollaborationssude | **Öffnungszeiten** Bei Redaktionsschluss
befand sich die neue Brauerei mit Brewpub gerade im Bau. | **Bezug** Onlineshop und
Übersicht zu Ausschankorten und Verkaufsstellen auf der Website, deutschlandweit im
Fachhandel | **Tipp** Bis zur Fertigstellung seines eigenen Sudhauses produzierte Christian
Hans Müller den Backbone Splitter im Spessart im Brauhaus Wiesen, einer Traditions-
brauerei, die für ihre eigenen Biere mit Auszeichnungen geradezu überschüttet wird.

43__Amberella
Gaumenreise in die Südsee

Dank Friedrich Schiller hat ihn jeder irgendwann im Ohr gehabt, den Ort im Grenzdreieck von Franken, Altbayern und Schwaben, an dem sich Bernhard Hecht 2011 eine Brauanlage in seine Garage eingebaut hat. »Ich kenne meine Pappenheimer« – das Zitat aus »Wallenstein« zeichnet seine Bewohner, vom Volksmund etwas abgewandelt, als Eigenbrötler, die nie das tun, was man von ihnen erwartet.

Bernhard Hecht gefällt er, der Ruf eines Quertreibers, der sich nicht auf die Konventionen der Craft-Beer-Szene einlassen will. Während seine Kollegen viel Energie investieren, um in zahlreichen und vor allem namhaften Stores präsent zu sein, weigert er sich, die Endpreise zu akzeptieren, die dort üblich sind. Er klatschte Beifall, als auf Facebook der Spruch die Runde machte: »Craft Beer kommt ursprünglich aus dem Lateinischen und bedeutet ›kostet vier Euro mehr‹.« Und verwies auf die gute alte Tradition, dass man sich als Erzeuger, der angetreten ist, der Lebensmittelindustrie die Stirn zu bieten, auf die Direktvermarktung konzentriert. Wer es mit ihm ausdiskutieren will: Dreimal die Woche steht der letzte Altpunk seiner Zunft mit seinen beiden Labels auf einem Wochenmarkt. Hechtbräu bedeutet traditioneller Bierstil. Aufwendige Kreationen, bei denen sein Sohn, der sich ebenfalls zum Brauer ausbilden lässt, die Rezepte mit austüftelt, laufen unter Hecht German Craft.

Wie aufwendig sie sind, lässt sich an den zehn Gramm pro Liter der australischen Hopfensorte Ella abmessen, mit denen Bernhard Hecht seinen unfiltrierten Bernstein Bock in das Amberella verwandelt. Das 6,4% Alkohol starke Kaliber, das seinen Ruf mitbegründet hat, ist eine Aromenorgie. Ella verleiht dem Trunk den Duft und die Aura einer prall gefüllten Obsthandlung in den Tropen. Willkommen in der Südsee! Der Gaumen geht auf Kreuzfahrt. Zum Vergleich: In einem Hellen aus dem Supermarkt stecken nur 1,5 Gramm pro Liter.

Adresse Hechtbräu/Hecht German Craft, Zimmern 59, 91788 Pappenheim, Tel. 09143/212539, www.hechtbraeu-zimmern.de | **Bierprofil** Hechtbräu: Helles, Dunkles, Weizen, Roggenbier, Bernstein Bock; Hecht German Craft: Amberella, German Ale (Pale Ale), Callista Wheat (Weizen), Cascarillo (Imperial Red Lager), Dark Galaxy (Imperial Dark Lager), unregelmäßig Sondersude | **Bezug** über die Website; Stand auf dem Wochenmarkt Gunzenhausen: Do 7–12.30 Uhr, in Treuchtlingen: Fr 13.30–18 Uhr, in Weißenburg: Sa 8–12 Uhr | **Tipp** Im Brauereimuseum im nahen Beilngries herrschen ganzjährig acht Grad Celsius – die Temperatur, die für untergärige Hefe ideal ist. Es befindet sich in ehemaligen Brauereikellern, die tief in den Fels hineingeschlagen wurden.

44__ Session IPA

Schmeckt wie gemalt …

Bis vor Kurzem träumten vor allem Sprösslinge aus Wirts- und Brauereifamilien davon, ihr täglich Brot an Sudkesseln und in Gärkellern zu verdienen. Jetzt wimmelt es in der Bierbranche nur so von Managern, Designern und Ingenieuren, die ihre gut bezahlten Jobs an den Nagel hängen wollen. Wie die Pilze schießen ihre Start-ups aus dem Boden und verbreiten eine Anyone-can-brew-Stimmung. Statt Brauausbildung gilt die Devise: Learning by Doing. Das funktioniert nicht immer. Aber wenn es funktioniert, dann werden aus Quereinsteigern große Bierkünstler, die an flüssigen Legenden stricken.

Das Session IPA von Johannes Heidenpeters, eine leichte, mit 50 Bittereinheiten aber gut knackige Version eines India Pale Ales, gerade einmal 4,5 % Alkohol stark, ist eines dieser mythischen Geschmackswunder. Seine tropische Fruchtigkeit löst im Gehirn den Reflex aus, auf das innere Auge das Panoramagemälde eines Candle-Light-Dinners am Palmenstrand zu projizieren, bei dem nichts außer Obst serviert wird – aufgeschnitten, gegrillt, mariniert – und das gerade deshalb unvergessen bleiben wird.

Johannes Heidenpeters, der seit 2013 in Berlin-Kreuzberg in der Markthalle Neun Extravagantes braut und ausschenkt, ist nicht nur am Sudkessel ein Künstler. Sein Erweckungserlebnis hatte er, als er sich zum ersten Mal ein Gläschen des britischen Bierstils Porter gönnte. Das schmeckte so komplett anders als alles, was er bis dahin getrunken hatte – und weckte seine Neugierde. Einem ersten Hobbysud folgte ein zweiter. Seine Freunde zeigten sich von seinen flüssigen Kreationen nicht minder angetan als von seinen Bildern und Objekten. Heidenpeters hat in Braunschweig an der Kunstakademie bei Walter Dahn, einem Beuys-Schüler, studiert und in Galerien in Köln, Berlin, München und Stuttgart ausgestellt. Es sah gut für ihn aus. Dennoch wechselte er das Metier. Freier Brauer statt freier Künstler.

Adresse Heidenpeters, Markthalle Neun, Eisenbahnstraße 42–43, 10997 Berlin, Tel. 0176/22291688, www.heidenpeters.de | **Bierprofil** Session IPA, Thirsty Lady (Blond Ale), IPA, Pale Ale, Pilz (Pils), Stout | **Öffnungszeiten** Brauereiausschank: Di 14–20 Uhr, Do 17–22 Uhr, Fr 14–20 Uhr, Sa 12–20 Uhr | **Bezug** Verkaufsstellen auf der Website, deutschlandweit im Fachhandel | **Tipp** In Pankow kredenzt seit September 2017 die Two Fellas Brewery in ihrem Brewpub (Mühlenstraße 30) neben eigenen Kreationen auch Biere von befreundeten Craft-Labels.

45_ Thirsty Lady

Du darfst »Mahlzeit« zu mir sagen

Seit Popgott David Bowie 1977 von den Kreuzberger Hansa-Ton-studios aus seine Hymne »Heroes« in die Welt schickte, gilt Berlin als die internationalste unter den deutschen Metropolen. Spätestens mit dem Fall des Eisernen Vorhangs hat dieses Image der Lust der ganz großen Investoren Vorschub geleistet, dem Stadtbild die global austauschbare Uniform der Smart-Casual-Architektur anzuziehen – siehe Potsdamer Platz. Doch ihr Herz und ihre Seele ließen sich die Berliner nicht umstylen. Die schnoddrige Schnauze, die verrauchte Eckkneipe, ja selbst vier ihrer 14 historischen Markthallen, nostalgische Relikte geruhsamerer Zeiten, haben wie zum Trotz überlebt.

Seit 2011 werden in der Kreuzberger Markthalle Neun wieder Viktualien aus der Region angeboten. Eine gläserne Bäckerei, eine Tofurei und ein Bio-Restaurant, in dem man den Köchen über die Schulter schauen kann, und nicht zuletzt die Craft-Beer-Manufaktur Heidenpeters ziehen die Gourmets in Scharen an. Gebraut wird im Keller, sein erstes Sudhaus hat der Meister dort selbst zusammengeschweißt.

Zur Freude seiner kochenden Kollegen hat Johannes Heidenpeters mit dem Blond Ale Thirsty Lady immer auch ein Bier am Hahn, das sich an jedes ihrer Gerichte anpasst. Es vereint die besten der klassischen Aromahopfen: Cascade und Perle. Dezent feine Zitrus-, Mango- und Litschinoten. Auch bei der Bittere hält es sich ladylike zurück. Ob Steak, Currywurst oder scharfes afrikanisches Allerlei: ein Bier, das mit wirklich jedem kann. Multikulti ist sein Ding.

Eigentlich sollte an der Stelle des 1891 erbauten gusseisernen Genusstempels heute eine jener austauschbaren Shoppingmalls stehen, die von außen immer so verwaist wirken, weil sie jeder von der Tiefgarage aus betritt. Aber eine Bürgerinitiative hatte sich gegen den Abriss gestemmt. 2009 übernahm sie das Areal, um seine 3.300 Quadratmeter wieder mit feinen, kleinen Ständen zu füllen.

Adresse Heidenpeters, Markthalle Neun, Eisenbahnstraße 42–43, 10997 Berlin, Tel. 0176/22291688, www.heidenpeters.de | **Bierprofil** Session IPA, Thirsty Lady (Blond Ale), IPA, Pale Ale, Pilz (Pils), Stout | **Öffnungszeiten** Brauereiausschank: Di 14–20 Uhr, Do 17–22 Uhr, Fr 14–20 Uhr, Sa 12–20 Uhr | **Bezug** Verkaufsstellen auf der Website, deutschlandweit im Fachhandel | **Tipp** In der Craft-Beer-Bar Hopfenreich werden 22 regionale und weit gereiste Kreationen frisch gezapft, dazu kommen unzählige Flaschenbiere. Sorauer Straße 31 – nur einen Steinwurf von der Markthalle Neun entfernt.

46___Amarsi

Der Ursprung aller Hopfenbomben

Man hat es nicht leicht als Craft-Beer-Fan. Denn ein ungeschriebenes Gesetz der Kreativbrauer sorgt dafür, dass man mit der permanenten Angst leben muss, eine Geschmackssensation zu verpassen. Auf großen Festivals wie der Messe »Braukunst Live!«, die jeden Februar in München von beinahe 10.000 Freaks gestürmt wird, buhlen gut 70 Erzeuger um durstige Kehlen. Im Schnitt dürfte jeder Aussteller drei neue Kreationen dabeihaben. Wer alle kennenlernen will, muss demzufolge an nur einem Wochenende 210 Sorten verkosten. Ausschankeinheit ist 0,1 Liter, das ergibt 21 Liter. Ein Ding der Unmöglichkeit!

Wie gut, dass sich in den wenigen Jahren seit der Immigration des Begriffes »Craft« in den deutschen Sprachraum ein Kanon an Bieren herausgebildet hat, die als Idealbeispiele eingestuft werden. Beim Paradestil der Szene, dem stark hopfenaromatischen, obergärigen India Pale Ale, trägt die Messlatte des Guten den Namen »Amarsi«.

Kreiert wurde das »Amarsi« 2012/13 vom damals eben gegründeten Label »Himburgs Braukunstkeller«. Label deshalb, weil Alexander Himburg kein eigenes Brauhaus besitzt. Die ersten Jahre nutzte er die Anlage der Michelstädter Brauerei, einer der ältesten Sudstätten im hessischen Odenwald. Obwohl er 2016 längst zum weltweiten Who's who dazugehörte, kam es in diesem Jahr zur Insolvenz. Einem Investor war das Geld ausgegangen. Himburg organisierte sich neu, wechselte nach Bayern, musste 2017 die Folgen eines schweren Badeunfalls und einen Kleinkrieg um vermeintliche oder echte Plagiate seiner Rezepturen und die Markenrechte an seinen Bieren durchstehen, bis er mit Kuehn Kunz Rosen (siehe Kapitel 56) einen neuen Braupartner fand. Der Name »Amarsi« setzt sich aus den beiden Hopfensorten zusammen, die mit in den Lagertank kommen, Amarillo und Simcoe. Nase und Gaumen baden in einem Aromenmeer aus Mango, Orange, Pinie und Grapefruit.

Adresse Himburgs Braukunstkeller, Ehrengutstraße 27, 80469 München, www.himburgs.com | **Bierprofil** Amarsi, Laguna, Mandarina (India Pale Ales), Bavarian (hopfengestopftes Lager), Pale Ale, Konfetka (Russian Imperial Stout), unregelmäßig Collaboration-Brews mit Biermanufakturen aus aller Welt | **Bezug** Onlineshop über die Website, deutschlandweit im Fachhandel | **Tipp** Die Publikumsmesse »Braukunst Live!« ist eine der raren Gelegenheiten, flüssige Abschlussprüfungen der Studienfakultät Brau- und Lebensmitteltechnologie der Technischen Universität München zu verkosten. An der TUM lernen die Edelbrauer von morgen.

47___Enzo
Bei Rausch Koffein-Schock

Die höchste Ehre, die einem Craft Beer widerfahren kann – in anderen Branchen würde sie ein nervöses Telefonat mit einem Anwalt nach sich ziehen. Kreativbrauer ticken eben anders als deutsche Ingenieure. Bei ihnen gilt das Plagiat als Anerkennung. Und so kam es, dass sich seit Ende 2016 eine ganze Herde von Manufakturbrauern auf die Suche nach Kaffeeröstern gemacht hat, auf der Zunge den bis dato in deutschen Biergefilden unbekannten Geschmack von »Enzo«, einer Meisterkreation der Hohmanns Brauerei aus dem hessischen Städtchen Fulda.

Die Idee hinter »Enzo« ist so simpel wie verwegen. Thorsten Susemichel, Braumeister der Hohmanns Brauerei, wollte Bier und Kaffee, die beiden Lieblingsgetränke der Deutschen, miteinander verschmelzen. Damit beide geschmacklich eins werden, ist eine gehörige Portion Fingerspitzengefühl erforderlich. Deshalb hielt sich die Zahl der Nachahmer, bei denen neben Wasser, Malz und Hopfen ebenfalls Kaffeebohnen in der Würze mitgekocht werden, dann doch in Grenzen. Wie viele Kilo Kaffeebohnen Thorsten Susemichel pro Hektoliter »Enzo« im Sudkessel aufbrüht, ist sein streng gehütetes Geheimnis. Geliefert bekommt er die laut Reinheitsgebot eigentlich verbotene Zutat von der in direkter Nachbarschaft gelegenen edlen Rösterei Reinholz. Die Wahl fiel auf eine charakterstarke Espressomischung aus 70 % Arabica und 30 % Robusta. Bier darf sich »Enzo« nicht nennen. Stilistisch handelt es sich um ein Porter, ein obergäriges, intensiv malziges Dunkles nach britischer Brautradition.

Es empfiehlt sich, »Enzo« nicht einfach so, sondern als Begleiter zu Sachertorte und anderen dunklen Kuchen zu servieren. Ein Sonntagnachmittagsbier, das der familiären Mußestunde ihre Muffigkeit nimmt. Oder man trinkt es zum Dessert. Der Kaffee sticht deutlich heraus, wird dabei nicht zu dominant. Susemichel will den Gaumen ja nur irritieren, aber nicht verstören.

Adresse Hohmanns Brauerei, Michelsrombacher Straße 51 (Craft Biere) beziehungsweise Florengasse 3–5 (traditionelle Biere), 36039 Fulda, Tel. 0661/9625856,
www.braumeister-edition.de (Craft Biere), www.hohmanns-brauhaus.de (traditionelle Biere) |
Bierprofil Enzo, Pale Ale, India Pale Ale, Basalt-Steinbier, Braggott (Honig-Bier); traditionell:
Landbier, Kellerbier, Pils, Weizen | **Öffnungszeiten** Braugasthaus Innenstadt (Florengasse 3):
Mo–Fr 6.30–0 Uhr, Sa 7–0 Uhr, So 7–10.30 Uhr | **Bezug** Verkaufsstellen siehe Webseiten,
deutschlandweit im Fachhandel | **Tipp** Da das Erlbacher Brauhaus aus Markneukirchen im
sächsischen Vogtland seine Biere nur im eigenen Gasthaus ausschenkt, hat sich nicht weit
herumgesprochen, dass dort bereits seit 2014 unregelmäßig ein Coffee Porter reift.

48_Lady Porter
Die feinere englische Art

Auch bei den Gepflogenheiten rund ums Bier sind die Briten anders. Sich als Frau in aller Öffentlichkeit ein solches zu gönnen ist bei ihnen nach wie vor verpönt. Der Beweis: »Pankhurst«, eine Kreation der »Brewster's Brewery« aus Lincolnshire. Benannt ist sie nach der militanten Frauenrechtlerin Emmeline Pankhurst (1858–1928). Gewidmet aber ist sie allen Damen, die am liebsten zu Hause trinken. Was soll man dazu sagen? Dass man sich wünscht, ein Fläschchen »Lady Porter« auf Zeitreise zu schicken. Ins London der Suffragettenkrawalle von 1911, bei denen die Furien vergaßen, auch die Männerbastion des Pubs zu stürmen. Das schwer-süße Dunkle, das sich die drei Braumeisterinnen Isabella Mereien und Gisela und Monika Meinel-Hansen aus der englischen Genusskultur abgeschaut haben, ist der Amarenabecher unter den Bieren.

Gisela und Monika Meinel-Hansen stellen die neue Generation der Familienbrauerei »Meinel«. Isabella Mereien hat bei Bamberg das elterliche Brauereigasthaus »Drei Kronen« übernommen. Seit 2012 verzaubern die drei als »Holladiebierfee« mit edlen, handwerklich extrem aufwendigen und ausgefeilten Spezialitäten, deren erklärtes Ziel es ist, ihren Geschlechtsgenossinnen Hugo, Spritz und Co. ab- und stattdessen Hopfiges anzugewöhnen.

Biergeschichtlich führt der »Lady Porter« zurück in jene Tage, als Admiral Nelson den Briten den Weg in die Kolonialzeit freischoss. London erlebte einen Bauboom ohnegleichen. Um die Massen der Arbeiter zu ernähren, die in Windeseile Stein an Stein und Haus an Haus setzten, siedeten unzählige Brauereien einen besonders nahrhaften Biertyp. In der Version von »Holladiebierfee« hat er 8 % Alkohol und gibt Frauen die Kraft, ihren Mann zu stehen. Auch dann, wenn es darum geht, am Tresen geschmackliche Vorlieben durchzusetzen. Zartes Beerenaroma mischt sich mit intensiven Kirschnoten. Dazu das für ein Porter typische Gefühl, ein Stück Traubenzucker auf die Zunge gelegt zu bekommen.

Adresse Holladiebierfee, c/o Meinel-Bräu, Alte Plauener Straße 24, 95028 Hof, Tel. 09281/3514, www.holladiebierfee.de | **Bierprofil** Sommernachtstraum (Dinkel-Pale-Ale), Lady Porter, unregelmäßig einmalige Sondersude | **Bezug** Brauereiverkauf beim Meinel-Bräu in Hof: Mo–Do 8–17.30 Uhr, Fr 8–17 Uhr, Sa 8–12 Uhr, über die Website und deutschlandweit im gut sortierten Fachhandel | **Tipp** Gebraut wird das »Lady Porter« beim Meinel-Bräu in Hof. Im nahen Münchberg lockt die Gasthausbrauerei »Hopfenhäusla« unter anderem mit einem fruchtigen Summer Ale und einem schweren Stout.

49__Hanfblüte
Das mit der großen Cousine

Freunde des Hanfs haben es in Bayern besonders schwer. In jenem Bundesland, in dem die Trinkeinheit für Bier traditionell bei einem ganzen Liter liegt, der Maß, wird der Besitz von Cannabis bereits bei einem Drittel der Menge geahndet, die der Berliner als Eigenbedarf bunkern darf. Irgendwo muss das Recht auf Rausch ja seine Grenzen haben!

Dabei stehen sich die Würzpflanzen des Joints und des Bieres so nahe, dass sie die Lederhosenträger auf dem Oktoberfest im Zustand ihrer bewusstseinserweiterten Glückseligkeit – nach der achten Maß, so viel ist üblich – nicht mehr unterscheiden könnten. Botanisch gesehen ist der Hopfen so etwas wie die kleine Cousine der Hanfpflanze. Die Blätter ähneln sich, bei beiden Arten enthalten nur die weiblichen Pflanzen die begehrten Wirkstoffe – sofern sie noch nicht befruchtet sind. So mancher Kenner schwört sogar, dass diverse Hopfensorten fast wie Cannabis riechen.

Der diplomierte Brauer Werner Schuehgraf, der seit 2014 unter dem Label Hopfenhäcker seinen lieben Münchnern die Bierkultur der USA nahebringt, hat sich von der engen Verwandtschaft zu einem flüssigen Kunstwerk inspirieren lassen. Einem klassischen hefetrüben Weißbier, wie es der Bayer liebt. Mit einem Extradreh parfümiert. Schuehgraf gönnt dem Trunk eine Portion Bio-Hanfblüten – first flush, also erste Ernte. Gemeinsam mit Dolden der Hopfensorten Sorachi Ace und Citra dürfen sie während der Reifung im kalten Keller ihr feines Aroma ins Nass einbringen. Nicht nur für bayerische Verhältnisse ganz schön frech grinst das Bier mit der Cousine den Genießer an. High macht es freilich nur wegen seiner 4,9 % Alkohol. Zum Leidwesen mancher hantiert Schuehgraf in seiner Hinterhofbrauerei im Ausgehviertel Haidhausen natürlich mit THC-freiem Dope. Es muss also niemand fürchten, mit einer Kiste Hopfenhäcker Hanfblüte im Kofferraum von der Polizei aus dem Verkehr gezogen zu werden.

Adresse Hopfenhäcker, Weißenburger Straße 16, 81667 München, www.hopfenhaecker.de | **Bierprofil** Hanfblüte, Roter Münchner (Märzen), Handgehopfter (Helles), Wuiderer (Imperial Red Ale), Kill Bill (Witbier), IP Brothers (untergäriges India Pale Ale) | **Öffnungszeiten** Brauereiausschank: Mo 16–22 Uhr, Do–Sa 11–22 Uhr | **Bezug** Ausschankorte und Verkaufsstellen auf der Website, deutschlandweit im Fachhandel | **Tipp** Hanf ist als Brauzutat gar nicht so selten – allerdings nur bei Lagerbieren. Zwei Beispiele: »Lenins Hanf« aus der jungen Neustädter Hausbrauerei Schwingenheuer aus Dresden und das »Cannabis Club« der wohl bereits im Mittelalter gegründeten Klosterbrauerei Weißenohe aus Nordbayern.

50__Vogelwuid
Bayern, seine Sehnsucht

Um zu verstehen, was Markus Hoppe, Bierkünstler aus Waakirchen, einem Bilderbuchdorf am Fuß der Alpen, in seinem Innersten antreibt, sollte man zuallererst den bayerischen Kraftausspruch »Dahoam is dahoam« in ein Deutsch übersetzen, das man auch in den 15 anderen Bundesländern versteht.

Die Kreationen seines Hoppebräu tragen Namen wie »Wuide Hehna« und »Fuchs Teufelswuid«, sind aber nur sprachlich eine Verneigung vor der urigen Heimat ihres Schöpfers. Stilistisch handelt es sich um Einwanderer aus den Bierkulturen der USA, Belgiens und Großbritanniens – selbst das »Wuida Hund«, ein Lager mit nur 4,5 %, das feinfühlig mit der Hopfensorte Cascade gewürzt wird, grenzt sich klar von den typischen Hellen des Voralpenlandes ab.

Cascade ist auch einer der fünf Aromahopfen, mit denen das »Vogelwuid« veredelt wird, eines der beiden India Pale Ales des Hoppebräu. Mit seinen dick aufgetragenen Pfirsich- und Zitrusnoten legt das 6,5 % starke Obergärige die Vermutung nahe, dass Hoppe jenes tropische Paradies, das gut ein Jahr lang sein Zuhause war, zwischendurch doch vermisst.

Nachdem er sich zum Brauer hatte ausbilden lassen, stand ihm die Welt offen. Der schottische Craft-Beer-Gigant BrewDog – Jahresausstoß 214.000 Hektoliter – liebäugelte damit, ihn zu sich zu holen. Hoppe gab der ersten Craft-Beer-Brauerei auf Mauritius den Vorzug, der Flying Dodo Brewing Company. Nach 14 Monaten unter Palmen dann das Eingeständnis: Ein Bayer kann nur dort leben, wo die Burschen schneidig und die Dirndl sittsam sind. Hoppe flog zurück nach »dahoam« und gründete seine eigene Gourmetbrauerei.

Markus Hoppe ist einer von nur ganz wenigen deutschen Craft-Beer-Brauern, die ihre Kreationen von Trübstoffen befreien, um ihr Geschmacksprofil zuzuspitzen. Das »Vogelwuild«, das zu Recht den Ruf eines All-Time-Best genießt, wird wie alle seine Sorten schonend filtriert.

Adresse Hoppebräu, Edelweißstraße 21, 83666 Waakirchen, www.hoppebraeu.de | **Bier-profil** Vogelwuid, Wuida Hund (Lager), Wuide Hehna (Pale Ale), Wuidsau (Amber Ale), Fuchs Teufelswuid (Double India Pale Ale), PX und Slyrs (im vorbelegten Fass ausgebautes Imperial Stout) | **Öffnungszeiten** Brewpub bei Redaktionsschluss im Bau | **Bezug** Online-shop und Übersicht zu Ausschankorten und Verkaufsstellen auf der Website, deutschland-weit im Fachhandel | **Tipp** Das Brauhandwerk gelernt hat Markus Hoppe bei der zigfach prämierten Schlossbrauerei Maxlrain bei Bad Aibling. In ihrem rustikalen Bräustüberl steht Bayern pur auf der Karte: Haxe, Schweinsbraten, Wammerl, Wurstsalat …

51 SHIPA-Serie

Weniger ist wieder einmal mehr

Das Lieblingsspielzeug der Craft-Brauer ist der Hopfen, keine Frage. Es ist durchaus sinnstiftend, dass wir uns das Gewürz des Bieres an dieser Stelle als einen riesigen Haufen bunter Bausteine vorstellen. Jede Farbe soll für eine andere Hopfensorte stehen – und jede Hopfensorte für ganz bestimmte Aromen, zum Beispiel Mango, Tannennadel oder Sommerwiesengras. Machen wir es wie die Bierkünstler: Basteln wir uns aus den Steinchen ein Bier, ein starkes obergäriges Helles britischen Typs, ein India Pale Ale (IPA), als wäre es ein Haus. Niemand würde freiwillig darauf verzichten, für seine Mauern mit bis zu fünf Farben zu jonglieren, um etwas Unverwechselbares zu erschaffen. Außer Oliver Wesseloh.

Der gebürtige Hamburger, der nach Jahren in den USA und als Brauer auf den Cayman Islands 2011 mit dem frischgebackenen Brautechnologen Fiete Matthies die Kehrwieder Kreativbrauerei gründete, hat mit einer simplen Regel das Craft-Beer-Selbstverständnis so nachhaltig erschüttert wie dereinst das Bauhaus das Design. SHIPA, Single Hopped India Pale Ale, lautet sie in der Sprache der Beerfreaks und bedeutet: nur eine Farbe – also eine Hopfensorte – pro kreativem Output!

Zweimal im Jahr ist bei Oliver Wesseloh SHIPA-Zeit. Dann braut er auf seiner selbst gebauten Anlage ein India Pale Ale. Immer nach demselben Rezept. Allerdings kommt in den ersten Sud eine und in den zweiten eine andere Hopfensorte. Denn die SHIPA-Serie soll uns schmecken lassen, wie genau jenes Melonenaroma ausfällt, das nur die Züchtung Hüll Melon erzeugt. Oder die intensiven Noten von roten Beeren und Cassis, die nur die Hopfensorte Ariana produziert. Auf 200 Folgen könnte es die Serie bringen. So viele Hopfensorten werden weltweit angebaut. Am besten schnappt man sich ein paar Freunde und so viele Varianten wie möglich für einen Abend der Extraklasse: ein privates flüssiges Hopfenseminar.

Adresse Kehrwieder Kreativbrauerei, Sinstorfer Kirchweg 74–92, 21077 Hamburg, Tel. 040/47190747, www.kehrwieder.beer | **Bierprofil** SHIPA-Serie, Prototyp (hopfen-gestopftes Lager), Odessa (Roggen IPA), Elbe (Gose), Skagen (Sanddorn-Gose), Ant-werpen (Pale Ale), Old Skool (West Coast IPA), Kogge (Baltic Porter), Jörn (dunkles Starkbier) | **Bezug** deutschlandweit im Fachhandel | **Tipp** Nur an einem Tag im Jahr – am 6. Januar – bietet die Bamberger Gasthausbrauerei Greifenklau die verschärfte Version eines Hopfenvergleichseminars. Öffentlich ausgeschenkt werden zehn Bockbiere, jedes wurde mit einer anderen Sorte veredelt.

52_überNormalNull (ü.NN)

Freut euch eures Führerscheins

Was war die Anfangszeit der Craft-Beer-Bewegung wild! Um 2012: Überall in Deutschland taucht ein völlig neuer Typ Brauer auf. Er sieht aus, als würde er zum Frühstück Heavy Metal hören. Er bürstet seine Biere wider alle Regeln des Marktes. Doppelt so bitter wie ein Pils! Vor allem aber: Alkohol! 6,7 %: normal. Über 10 %: megacool! Der Mythos, dass Craft Beer mit Starkbier gleichzusetzen sei, hält sich bis heute hartnäckig.

Dass auch Abstinenzler Genussmenschen sind, erkannte als Erster der Hamburger Oliver Wesseloh, eine der Gründerfiguren der Szene. Warum sollten nur die ganz großen Industriebrauereien ein brauchbares Alkoholfreies produzieren können? Gelingt das einem Craft-Beer-Brauer nicht auch?

Nach unsteten Anfangsjahren, in denen seine Kehrwieder Kreativbrauerei kein festes Zuhause hatte, trennte sich Wesseloh 2014 von seinem Kompagnon Fiete Matthies und holte die Gerätschaften, die beide aus der ausrangierten Ausstattung von Milchbauern zusammengeschraubt und in Süddeutschland eingelagert hatten, in ein Industriegebiet ganz im Süden von Hamburg. Dort entwickelte der Weltmeister der Biersommeliers mit dem überNormalNull, kurz ü.NN, das erste India Pale Ale, das den Führerschein nicht gefährden kann.

Konventionelle Alkoholfreie stehen immer hinter ihren Vorbildern zurück, sie wirken flach, sind ärmer an Aromen. Kein Wunder, denn wie beim Fleisch das Fett, ist beim Bier der Alkohol ein Geschmacksträger. Weil das India Pale Ale ein extrem hopfenbetonter Bierstil ist, bietet es die Chance, das fehlende Volumen elegant durch starkes Hopfenstopfen zu kompensieren, durch Aromatisieren mit ausgesuchten Dolden während der Reifezeit.

Wesselohs Pioniertat hat längst Schule gemacht. Mittlerweile hat man bei alkoholfreiem IPA die Qual der Wahl, haben auch andere Craft-Beer-Marken wie Riedenburger den Abstinenzler in ihr Herz geschlossen.

Adresse Kehrwieder Kreativbrauerei, Sinstorfer Kirchweg 74–92, 21077 Hamburg, Tel. 040/47190747, www.kehrwieder.beer | **Bierprofil** Mit Ausnahme des überNormalNull (ü.NN) sind die Kreationen der Kehrwieder Kreativbrauerei für Abstinenzler ungeeignet. | **Bezug** deutschlandweit im Fachhandel | **Tipp** Wer in Hamburg nicht nur Biere der Kehrwieder Kreativbrauerei probieren will, fährt zur U-Bahn-Station Kellinghusenstraße. Dort ums Eck lädt The British Pub ein, die weit unterschätzte Bierkultur jenseits des Ärmelkanals zu entdecken.

53__Schwarzer Abt

Nur knapp dem Tod entkommen

Der 3. Oktober 1990, an dem die DDR ihre Eigenständigkeit aufgab und unter dem Namen »Neue Bundesländer« der BRD beitrat, war keineswegs ein Tag der reinen Freude – für die deutsche Biervielfalt. Bis dahin galt für ostdeutsche Brauereien die Nummer 7764 der Technischen Güte- und Liefervorschriften, die eine Fülle von im Westen streng verbotenen Zutaten zuließ. Die deutlich freiere Handhabung des Reinheitsgebots, die der Mangelwirtschaft geschuldet war, hatte neben Chemie im Pils auch eine unbestritten positive Seite. Dank ihr hatten im Sozialismus historische Bierstile überlebt, die drüben im Kapitalismus ausgerottet wurden, als wären sie so gefährlich wie die Pest.

Einer der Todeskandidaten von 1990 war der Schwarze Abt der 1589 gegründeten Brauerei des Klosters Neuzelle in Brandenburg, ein Dunkles mit nur 3,9 % Alkohol. Über 400 Jahre lang hatte sich niemand daran gestört, dass seine charakteristische, von Kaffeearomen umspielte Süße nicht nur auf Malz, sondern auch auf bis zu 2 % mitverbrautem Invertzucker basiert. Drei Jahre Anpassungszeit wurde den Ostbetrieben gewährt, um dem Reinheitsgebot beizutreten und die Andersartigkeit solcher Traditionsgetränke abzuwickeln.

Auf ewig muss der Gaumen den neuen Besitzern der 1948 verstaatlichten, 1992 reprivatisierten Sudstätte dankbar sein. Zwölf Jahre lang klagten sie sich durch die Instanzen, bis 2005 Prof. Dr. Driehaus, Vorsitzender Richter am Bundesverwaltungsgericht, einen Präzedenzfall schuf, der in 15 Bundesländern den Spielraum der Kreativbrauer neu vermaß. Es »darf gebraut werden«, so sein Urteil. Seither beharrt nur noch Bayern auf 100 % Reinheitsgebot und verweigert Ausnahmegenehmigungen. Zum Zankapfel geworden war der Schwarze Abt ironischerweise, weil er nur mit Zucker, nicht aber zudem mit Gewürzen gebraut wird. Wäre er ein echter Exot, die Bürokratie hätte kein Problem mit ihm gehabt.

Adresse Klosterbrauerei Neuzelle, Brauhausplatz 1, 15898 Neuzelle, Tel. 033652/8100, www.klosterbrauerei.com, www.neuzeller-bier.de | **Bierprofil** etwa 40 Sorten, eine breite Mixtur aus traditionellen Sorten, Craft Beer nach dem Reinheitsgebot und Kompositionen mit verwegenen Zutaten wie Ingwer, Äpfeln und Kartoffeln | **Öffnungszeiten** Direktverkauf (Klosterladen): Mo–Fr 9–18 Uhr, Sa, So 10–17.30 Uhr; Brauereibesichtigung: Mai–Okt. täglich 13 Uhr | **Bezug** Onlineshop auf der Website, deutschlandweit im Fachhandel | **Tipp** Im Supermarkt findet man unter der Bezeichnung Porter auch pappsüße Versionen in diversen Frucht-Geschmacksrichtungen, bei denen Zucker auf der Zutatenliste steht. Sie sind durchaus traditionell, aber nicht Craft: Bei ihnen hat die Lebensmittelindustrie in ihre Trickkiste gegriffen.

54__Witbier

Freiheit für den Flaschengeist!

Als im Frühjahr 2014 die ersten Gerüchte aufkamen, klang es für viele wie ein Aprilscherz: Eine große deutsche Brauerei, bekannt aus Funk und Fernsehen, will ein Wit in die Supermärkte einschleusen. Das Besondere an diesem hierzulande bis dahin kaum bekannten Bierstil: Ein Wit, ein Weizen nach belgischer Art, verstößt gleich mehrfach gegen das Reinheitsgebot, auf der Zutatenliste stehen neben rohem Getreide auch Koriandersamen und Orangenschalen.

Als die Craft-Beer-Fans dann beim Einkaufen ihre erste »Köstritzer Meisterwerke« genannte Dreier-Kartonage entdeckten, die ein Pale Ale und ein Red Lager vervollständigten, dürften sich die meisten von ihnen ungläubig die Augen gerieben haben. Denn beim Wit stand doch tatsächlich das Wort »Bier« auf dem Etikett! Sogar als Teil des Namens! Dass die Köstritzer Schwarzbierbrauerei, die zur Bitburger-Familie gehört, den trüben Belgier so nennen durfte: eine Revolution! Legal ist das nur mit einer Ausnahmegenehmigung, sagen das Vorläufige Biergesetz und dessen Durchführungsverordnung, so die juristisch korrekte Bezeichnung für das Reinheitsgebot. Es war das erste Mal, dass sich eine Großbrauerei gegen die Pro-Tradition-Lobby gestellt und das Recht auf Abweichung in Anspruch genommen hat.

Man munkelt, das Köstritzer Witbier habe so manchen Funktionär zum Schäumen gebracht. Denn seither dürfen natürlich auch andere »Bier« auf ihre Etiketten schreiben, obwohl das Kleingedruckte mehr als Wasser, Malz, Hopfen und Hefe auflistet. Ein Flaschengeist, den man, einmal befreit, nicht wieder verkorkt bekommen wird! Zumal den Köstritzern ihr Sommertrunk richtig gut gelungen ist. Orangen- und Korianderaromen sind nun einmal eine Facette des leicht säuerlichen Charakters jenes exaltierten Bierstil-Emigranten, an den wir uns liebend gern gewöhnen werden. Federleichter Körper. Fruchtig. Wunderbar erfrischend. Gekommen, um zu bleiben!

Adresse Köstritzer Schwarzbierbrauerei, Heinrich-Schütz-Straße 16, 07586 Bad Köstritz, Tel. 036605/2000, www.koestritzer.de | **Bierprofil** Köstritzer Meisterwerke: Witbier, Pale Ale, Red Ale; traditionelle Sorten: Dunkles, Kellerbier, Pils | **Bezug** Onlineshop auf der Website, deutschlandweit in Supermärkten und im Fachhandel | **Tipp** Im nahen Weimar bietet die Gasthausbrauerei Felsenkeller neben Pils und Dunklem auch außergewöhnliche, saisonal wechselnde Leckereien, darunter ein Bier, das mit Kartoffelstärke gebraut wird.

55__Toxic Harvest Ale
Im Zweikampf gegoren

Brauen im Rhythmus der Natur. In der Craft-Beer-Welt gibt es für jede Jahreszeit passgenaue Fläschchen: Frühlingsweizen, die die Vitalität der Pflanzenwelt aufs Feinste nachahmen, oder Summer Ales, die so leicht sind, dass man nicht auf Wasser ausweichen muss, um seinen Flüssigkeitshaushalt zu managen. Wenn dann die Blätter fallen, ist es Zeit für das Toxic Harvest Ale der Kraftbierwerkstatt aus Böblingen bei Stuttgart. Mit fünf Hopfen- und Malzsorten ist die Kreation des 2014 von Oliver Koblenzer gegründeten Labels ein flüssiges Erntedankfest.

Koblenzer ist im Brotberuf Fernsehproduzent. Dass sein Erstling die Warnung »toxic« – »giftig« – im Namen trägt, dürfte der Lust der Branche am Krassen geschuldet sein. Pilze aus dem Herbstwald sind aber nicht enthalten. Der Verstoß gegen ein Grundgesetz des Bierbrauens, den der Trunk riskiert, klingt für den Laien noch nicht einmal bedrohlich.

Oliver Koblenzer und seine Kompagnons Oliver Baus, Rasmus Muttscheller und Vathana Thorn konnten sich nicht darauf einigen, ob sie ihr erstes Bier mit einer untergärigen Hefe, wie man sie für Pils- und Lagerbiere verwendet, oder mit einer obergärigen Hefe brauen wollten. Sie griffen zu beiden, ließen sie im Gärbottich quasi gegeneinander antreten, als ginge es darum, eine Gameshow zu inszenieren, bei der sich zwei Teams bis zum Äußersten verausgaben.

Um die Dimension dieses Tabubruchs zu verstehen, denke man an einen Lehrer, der mit 14-Jährigen auf Klassenfahrt unterwegs ist. In der Brauwelt sind die beiden Arten von Hefen so strikt zu trennen wie im Schullandheim die Schlafzimmer der Jungen und der Mädchen. Der ungeahnten Folgen wegen. Beim Toxic Harvest Ale erweisen sich diese freilich als ungemein süffig. Ein Bierchen mit einem spritzig-moussierenden Körper, fruchtigen Noten von Banane und Pfirsich, einer ausgeprägten Restsüße und einer moderat niedrigen Bitterness.

Adresse Kraftbierwerkstatt, Otto-Lilienthal-Straße 24, 71034 Böblingen, Tel. 07031/649080, www.kraftbierwerkstatt.de | **Bierprofil** Toxic Harvest Ale, Urban Wheat Ale, Triple Amber Ale, Red India Ale | **Bezug** Verkaufsstellen auf der Website, deutschlandweit im Fachhandel | **Tipp** Mit dem Lokal Kraftpaule besitzt das nahe Stuttgart eine üppig bestückte Craft-Beer-Bar mit Shop, die regelmäßig Tastings anbietet (Nikolausstraße 2).

56 Mystique IPA

Narret die Gläubigen, so werdet ihr frei

Ihre Flaschen ziert der – mit Verlaub – intellektuell verquasteste Name, den sich ein Craft-Beer-Label je gegeben hat. Die Flüssigkeiten aber, die der ehemalige IT-Manager Wendelin Quandt und der diplomierte Braumeister Hans Wägner in sie hineinfüllen, lassen sich allesamt mit einem der simpelsten Adjektive charakterisieren, die es gibt: genial!

Entschlüsselt man das Wortungetüm Kuehn Kunz Rosen, stößt man auf den Hofnarr des deutschen Kaisers Maximilian I., den um 1470 geborenen Freigeist und Tabubrecher Kunz von der Rosen. Als seine kühnste Tat gilt der Versuch, seinen in Brügge festgesetzten Herrn zu befreien, indem er ihn als Franziskanermönch verkleiden und ihm deshalb die Haare scheren wollte. Maximilian weigerte sich. Worauf ihn von Rosen als viel zu fromm beschimpfte.

Eine Parallele zu Quandts und Wägners Mainzer Manufaktur lässt sich dann ziehen, wenn man das Reinheitsgebot als den Herrscher über Bierdeutschland betrachtet und das Verbot als feigen Irrglauben, andere Zutaten außer Hopfen und Malz zu verdammen. Quandt, der Kuehn Kunz Rosen 2013 mit über 50 Jahren im Alleingang gründete, wollte mit einem Witbier debütieren, einem Weizen belgischen Stils, das unter anderem mit Orangenschalen und Koriander gebraut wird.

Auch der zur Legende avancierte Paradetrunk aus Mainz, der maßgeblich vom 20 Jahre jüngeren, noch 2013 hinzugestoßenen Wägner kreiert wurde, hinterfragt, ob Bierdeutschland auch morgen an das Reinheitsgebot glauben kann. Das Mystique IPA wird mit Kamut gebraut, einer 6.000 Jahre alten Weizensorte. Das Korn wird unvermälzt verwendet. Als Flocken. Verboten! Das Mystique IPA gilt wegen seiner Vollmundigkeit und seines beeindruckend festen Schaums als einer der besten deutschen Vertreter des für die USA typischen hopfenaromatischen Starkbiers West Coast India Pale Ale. Beide Eigenschaften sind dem rohen Kamut geschuldet, sie dürften eigentlich nicht sein.

Adresse Kuehn Kunz Rosen, Weisenauer Straße 15, 55131 Mainz, Tel. 06131/2116101, www.kuehnkunzrosen.de | **Bierprofil** Mystique IPA, Kernig Hell (Lager), Kuehnes Blondes (Witbier), Festland (dunkler Bock) | **Bezug** Onlineshop, Ausschankorte und Verkaufsstellen auf der Website, deutschlandweit im Fachhandel | **Tipp** Die Wiesbadener Braumanufaktur durfte sich 2016 darüber freuen, von der internationalen Craft-Beer-Community zu Hessens bester Brauerei gewählt worden zu sein.

57__F 60 paranoid
Dieser Wahnsinn hat Geschmack

Nehmen wir einmal an, Sie fühlen sich in diesem Moment nicht wirklich gut. Denn die Welt hat Sie einmal mehr spüren lassen, dass ihr nur Mittelmaß gefällt. Sie aber haben den Kopf voller besserer Ideen. Da wäre zum Beispiel die, ein Bier zu brauen, dessen Aromenspiel die Illusion erzeugt, man befände sich auf einer Karibikinsel – detaillierter, lebendiger und sinnlicher, als es eine Virtual-Reality-Brille vermag.

Würden Sie mit diesem Plan zum Psychologen gehen, würde er das Krankheitsbild F 60 diagnostizieren. Das Kürzel entstammt dem ICD, dem von der Weltgesundheitsorganisation aufgestellten Klassifikationskatalog der Krankheiten, und steht für schwere Persönlichkeitsstörungen, zum Beispiel Paranoia.

Olaf Wirths und Anja Braun haben genau so ein Bier kreiert. Es projiziert einen Palmenstrand, an dem gerade Kokosnüsse frisch geknackt und Früchte aufgeschnitten werden, dreidimensional in den Mund. Völlig irre. Ein India Pale Ale, ein extrem intensiv gehopftes Starkbier britischen Typs. Dass sie es »F 60 paranoid« genannt haben, zeugt von einer gesunden Selbsteinschätzung.

Als Craft-Beer-Label LaBieratorium verfolgen die beiden seit 2013 ein Konzept, das auch sie selbst nur als Wahnsinn bezeichnen können. Der gebürtige Nordrhein-Westfale und die gebürtige Lausitzerin sind angetreten, die Identität des nun wirklich nicht für gutes Bier und Genuss bekannten Cottbus neu zu definieren. Zu DDR-Zeiten hatte sich der lokale VEB gewaltig schämen müssen: vorletzter Platz im Qualitätswettbewerb aller 15 Getränkekombinate!

LaBieratorium eröffnete zunächst eine Craft-Beer-Bar, einen Shop, einen Biergarten und schließlich 2016 in einer ehemaligen Keksfabrik ein Brauhaus. Bis dahin maischten Wirths und Braun ihre Sude bei einem Kollegen in Nordbayern. Nun aber steht Cottbus für Qualität. 2017 heimste LaBieratorium für das »F 60 paranoid« eine Goldmedaille ein.

Adresse LaBieratorium, Karl-Liebknecht-Straße 102, 03046 Cottbus, Tel. 0163/6306468, www.labieratorium.de | **Bierprofil** F60 paranoid, Alte Welt Ale (Mittelalter-Style), Orange Pale Ale, Schwarze Pumpe (Porter), Blond (Kellerpils), Rotbier, Weizenbock, Ordinary Bitter | **Öffnungszeiten** Braugasthaus und Craft-Beer-Bar Labyrinth (Berliner Straße 1, www.labyrinth-cottbus.de): täglich ab 17 Uhr | **Bezug** Karte mit Ausschankorten und Verkaufsstellen sowie Onlineshop auf der Website, deutschlandweit im Fachhandel | **Tipp** Auch Magdeburg hat seine Craft-Beer-Brauerei. Seit 2015 verwöhnt dort Robert Keller-mann alias »Brewckau« die Neugierigen unter den Durstigen.

58__Grutbier

Womit man damals Kranke heilte

Wein, das war am Rhein zwischen Koblenz und Mainz schon immer das große Thema. In Rüdesheim, Bacharach und auch noch in Lahnstein, der letzten rechtsrheinischen Attraktion vor der Moselmündung, scheint man gegen die guten Sitten zu verstoßen, wenn man sich ein Bier bestellt. Man kann es sich daher nicht anders vorstellen, als dass sich die Familie Fohr immer fremd gefühlt hat in der eigenen Kulturlandschaft.

Vor zehn Generationen, im Jahr 1667, begannen die Fohrs in Lahnstein, Malz aufzukochen und zu vergären und mit dem Ergebnis den Winzern die Durstigen abspenstig zu machen. Seit 400 Jahren Außenseiter. Das erklärt, woher die Brauerei die Kraft genommen hat, sich zu einer der kreativsten des Landes zu entwickeln. Und so verwundert es auch nicht, dass ihr Versuch, ein echt mittelalterliches, mit Grut gewürztes Bier zu rekonstruieren, den Gaumen überwältigt.

Grut, darunter versteht man jene Gewürz- und Kräutermischungen, die in Gegenden, in denen man den Hopfen vor Jahrhunderten nicht kultivieren konnte, mit in den Sud kamen. Die Zusammensetzung unterschied sich stark je nach Region und war gesetzlich vorgeschrieben, denn das Volk sollte sich nicht an psychoaktiven Pflanzen berauschen und der Brauer keine teuren Hopfendolden aus Bayern importieren, statt ums Eck beim Gärtner einzukaufen.

Salbei, Wacholder und die erst ab 1512 in Europa gehandelte Muskatblüte. Das Grut, für das sich die Lahnsteiner entschieden haben, steht streng genommen für eine spätere Epoche, in der sich das Alltagsgetränk bereits zu einer Medizin gewandelt hatte, die der Kranke gern einnahm. Dem Muskat haben sie dabei die Rolle eines Diplomaten zugedacht. Geschickt gelingt es ihm, die Schärfe des Wacholders und die Aufdringlichkeit des Salbeis in Harmonie zu verschmelzen. Die Bühne des Husarenstücks: ein obergäriges, unaufdringlich gehopftes und somit recht originalgetreues Helles.

Adresse Lahnsteiner Brauerei, Sandgasse 1, 56112 Lahnstein, Tel. 02621/91740, www.lahnsteiner-brauerei.de | **Bierprofil** Als weitere historische Bierstile werden ein Alt und der Historienturm (obergäriges Helles) gebraut. | **Öffnungszeiten** Direktverkauf: Mo–Fr 7–17 Uhr, Sa 9–12 Uhr, Bierseminar jeden ersten Do im Monat | **Bezug** Onlineshop auf der Website, deutschlandweit im Fachhandel | **Tipp** Die Teutoburger Brauerei aus Lengerich im Norden von Nordrhein-Westfalen ist eine von nur ganz wenigen, die ebenfalls ein historisches Kräuterbier – dort Gruit genannt – auf dem Sudhausplan stehen haben.

59__Martinator-Holzweg-Serie

Wir können auch Kellermeister

Die traditionsreiche Lahnsteiner Brauerei schickt Feinschmecker, die das Besondere suchen, gern auf den »Holzweg«. Unter diesem Namen demonstriert sie mit einer Gourmet-Serie, wie viel der Gaumen davon hat, wenn man Bier wie einen Bordeaux im Reifekeller ausbaut. Mit Hilfe von Holzfässern, in denen zum Beispiel vorher ein Bourbon Whiskey zig Lagerjahre lang die Dauben mit seinem Aroma imprägniert hat.

Mit Holz veredelt wird dabei immer dasselbe Bier, der Martinator, ein klassischer heller Bock mit 8 % Alkohol. Damit man sich durch möglichst viele Versionen probieren kann, wird allerdings nicht wirklich mit Fässern gearbeitet, sondern mit Holzchips, die aus solchen gewonnen werden. Beim Ergebnis macht das keinen Unterschied, preislich aber einen gewaltigen, Holzfässer kosten ein Vermögen. Biersommelier Markus Fohr, der die Lahnsteiner Brauerei in zehnter Generation gemeinsam mit seinem Vater leitet, ist die Vergleichsmöglichkeit wichtig. Denn erst eine Reihenverkostung macht erlebbar, wie unterschiedlich diese und jene Holzart auf den Martinator einwirkt.

Amerikanische Eiche entpuppt sich als perfekt zu Käse, Deutsche Eiche als optimaler Aperitif zu Gerichten, die aus dem Wald kommen. Die Cognacfass-Variante wiederum ist ein raffinierter Absacker, eine harmonisch weiche, sinnlich sanfte, bekömmliche Alternative zu einem scharfen Zu-Bett-geh-Brand. Maximal sensationell: das Sandalwood, die Süßholz-Variante. Ein Aha-Erlebnis für alle, die schon lange nach einem zu 100 % passgenauen Begleiter zu Tiramisu und verwandten hell-cremigen Desserts suchen. Intensive Vanillearomen, edel duftender Weihrauch mit Indien-Touch. Aufs Angenehmste radikal. Wichtig: Offen sein für Neues, blind verkostet würde man nicht alle Varianten für ein Bier halten. Wie einen Drink aus Schwenkgläsern nippen!

Adresse Lahnsteiner Brauerei, Sandgasse 1, 56112 Lahnstein, Tel. 02621/91740, www.lahnsteiner-brauerei.de | **Bierprofil** Holzweg-Serie, Hopfenweg-Serie (hopfengestopfter heller Bock), Grutbier, Darth Beer (dunkler Doppelbock), Honigbier, Rohminator (Extrembock), Eisbock, zwölf traditionelle Biere | **Öffnungszeiten** Direktverkauf: Mo–Fr 7–17 Uhr, Sa 9–12 Uhr, Bierseminar jeden ersten Do im Monat | **Bezug** Onlineshop auf der Website, deutschlandweit im Fachhandel | **Tipp** In Grenzau, einem Stadtteil des nahen Höhr-Grenzhausen, lockt mit dem »Brexx« eine Bowlingbahn-Pizzeria, die ihr eigenes Bier braut – darunter ein India Pale Ale und ein Stout.

60__Nussferatu

Es ist ein süßes kleines Nagetier

Käme dieses Bier aus München oder gar aus dem Voralpenland, wäre es mit größter Wahrscheinlichkeit auf den Namen »Oachkatzlschwoaf« getauft worden. Aber Tim Becker, Sascha Bruns und Lars Großkurth sind Nordlichter, ihre Landgang Brauerei sitzt in Altona, dem zum Ausgehviertel avancierten Hamburger Quartier der Fischer und Hafenarbeiter. Deshalb hat ihr Brown Ale den sprechenden Namen Nussferatu bekommen. Ist viel besser so, da verknotet man sich beim Bestellen nicht die Zunge.

Die Landgang Brauerei hieß bis 2017 Hopper Bräu. Gleich im Gründungsjahr 2015 war das Fernsehen da. »Vom Spinner zum Gewinner« hieß die Sendung, eine Dokusoap, die Start-ups vorstellt. Spinner klingt herb, aber auch realistisch, und Gewinner, da sieht es für die drei recht gut aus. Lars Großkurth war Manager in der Zigarettenbranche, ein Job, den man nicht ohne Weiteres aufgibt. Tim Becker kommt aus der Gastronomie. Sascha Bruns hat in Berlin bei Craft-Beer-Legende Thorsten Schoppe (siehe Kapitel 87/88) das Brauhandwerk gelernt. Dass er danach nicht in einer Großbrauerei als Anlagenführer anheuern wollte, versteht sich von selbst.

In einem Industriegebiet, das sich zunehmend in einen Hotspot für Kultur, Kunst und bewusste Lebensart verwandelt, hat sich das Trio ein extrem stylishes Brauhaus eingerichtet. Mit einem Kilometer an Rohren, einem 30-Hektoliter-Sudkessel und einem zum Taphouse umgebauten Überseecontainer, in dem neben diversen saisonalen auch die sechs ständigen Sorten gezapft werden. Darunter das besagte Nussferatu, ein eichhörnchenrotes, malziges Ale englischer Machart mit feinen Mandel- und Nussaromen und einem Rippchen Schokolade. Die Hopfensorte Pekko steuert feine Fruchtnoten bei, macht das Bier so kuschelig weich wie einen Eichhörnchenschwanz. Runterschlucken – und nichts ist vorbei. Da bleibt was im Mund. So lange, wie man braucht, um Oachkatzlschwoaf fehlerfrei auszusprechen.

Adresse Landgang Brauerei, Beerenweg 12, 22761 Hamburg, Tel. 040/85158229, www.landgang-brauerei.de | **Bierprofil** Nussferatu, Landgang (Pils), Helle Aufregung (böhmisches Pils), Amerikanischer Traum (India Pale Ale), Weizheit (Weizen), Dunkle Macht (Rauch-Porter), saisonal unter anderem Anstich (Märzen), Tutti Frutti (Saison) | **Öffnungszeiten** Taphouse in der Brauerei: Do, Fr ab 17 Uhr, Sa ab 12 Uhr, Termine für Brauereiführungen und Braukurse auf der Website | **Bezug** deutschlandweit im Fachhandel | **Tipp** In Bleckede, einem Städtchen südlich der Hansestadt, braut das Hamburger Craft-Beer-Label Wildwuchs in Bio-Qualität.

61__India Pale Ale

Wer zu früh kommt, den bestraft das Leben

Im Sommer 1961 drehte Billy Wilder in Berlin einen seiner wenigen Flops, die Komödie »Eins, Zwei, Drei«. James Cagney spielt in ihr einen Abgesandten von Coca-Cola, der auch die sozialistische Hälfte der Stadt für die Wunderbrause begeistern will. Er scheitert grandios, denn die Zeit ist alles andere als reif. Als Oliver Lemke den Berlinern die Vorzüge andersartiger Biere schmackhaft machen wollte und 1999 in den S-Bahn-Bögen am Hackeschen Markt eine Brauerei mit Brewpub installierte, erging es ihm ähnlich. Der Zeitgeist bestand darauf, dass nur ein Pils, am besten totfiltriert, ins Glas kommt. Lemke musste sich auf ordinäre Lagerbiere zurückziehen.

2011 attestierte der Pionier unter den deutschen Braurebellen, dass die Mitbewohner seiner Stadt in Sachen Weltläufigkeit endlich aufgeschlossen hatten, und riskierte einen zweiten Versuch. Der Traum von einer eigenen Craft-Beer-Brauerei, in den folgenden Jahren hat er sich gleich dreimal erfüllt. Kein Imperium wie beim Zuckerwasser aus Atlanta, aber für einen Gourmetbier-Spezialisten mehr als nur respektabel. Neben dem Stammhaus am Hackeschen Markt, mittlerweile die Versuchsbrauerei für immer neue flüssige Exzentriker, gibt es am Alex einen schicken Lemke-Brewpub mit Inhouse-Sudkessel und ein Lemke-Braugasthaus am Charlottenburger Schloss. Und eine eigene Flaschenabfüllung.

Der Klassiker des Hauses, das schlicht nach seinem Bierstil benannte India Pale Ale, stammt noch aus jenen Tagen, in denen Oliver Lemke an der Unlust seiner Gäste, mal was Neues zu probieren, schier verzweifelte. Was ihnen entging? Eine Duftwolke, die in die Nase aufsteigt: Mango-, Grapefruit- und Pinienaromen. Eine Geschmacksexplosion im Mund, bei der sich die genannten Fruchtnoten so tief im Gaumen verankern, dass man sie nach dem Schlucken noch minutenlang im Mund hat. Mit 60 Bittereinheiten: ein wahrlich knackiges Aha-Erlebnis.

Adresse Brauerei Lemke Berlin, Dircksenstraße, S-Bahn-Bogen 143, 10178 Berlin, Tel. 030/3087896, www.lemke.berlin | **Bierprofil** zwei helle, ein dunkles India Pale Ale, Bohemian Pilsner, Original (Wiener Lager), Pale Ale, zwei Weizen, Imperial-Versionen der India Pale Ales, Imperial Stout | **Öffnungszeiten** Brewpub am Hackeschen Markt: täglich ab 12 Uhr; Brauhaus am Alex (Karl-Liebknecht-Straße 13): täglich ab 12 Uhr; Lemke am Schloss (Luisenplatz 1, Charlottenburg): täglich ab 12 Uhr | **Bezug** Onlineshop und Bezugsquellen auf der Website, deutschlandweit im Fachhandel | **Tipp** Bierflaschen mit ausgestopften Grauhörnchen zu ummanteln, das war ihr größter Skandal. In der weltweiten Craft-Beer-Familie hat die schottische Brauerei BrewDog die Rolle des Krawallbruders übernommen. Ihr Berliner Brewpub: Ackerstraße 29.

62__Tea Pale Ale

Dieses Bier wird aufgebrüht

1858 begann sich der Stellenwert des Bieres gravierend zu wandeln. In diesem Jahr entschied sich London, das erste moderne Abwassersystem Europas zu bauen. Damit näherte sich die lange Epoche ihrem Ende, in der man flüssigen Unrat einfach auf der Straße entsorgt hatte und in der Wasser lebensgefährlich und deshalb Alkoholisches ein hygienischen Muss gewesen war. Dank der Kanalisation waren die Brunnen nicht mehr verseucht. Vielleicht erklärt dieses historische Kuriosum, weshalb sogar unter Craft-Beer-Brauern Experimente mit Wasser bis heute ein Sakrileg sind.

Umso rebellischer wirkt eine Kreation der Ein-Mann-Gipsybrauerei »Lenny's Artisanal Ales«. Gipsybrauerei deshalb, weil sich Christian Lennartz, einer der exzentrischsten unter den Paradiesvögeln der Berliner Szene – Kennzeichen: wallender Hippie-Bart –, mal in dieses und mal in jenes Sudhaus einmietet.

Wenn sein »Tea Pale Ale« auf dem Programm steht, brüht er sich erst einmal einen schwarzen Tee auf. In großer Menge. Mit ihm maischt er ein Pale Ale ein, ein der britisch-belgischen Brautradition entlehntes, fruchtig-frisches Helles. Der 1991 geborene Radikalist, der nach seiner Ausbildung bei der Düsseldorfer Altbier-Brauerei Uerige erst einmal durch Neuseeland reiste, dort in der zigfach preisgekrönten Manufaktur Croucher Brewing hospitierte, aber auch die hierzulande kaum bekannten Craft-Beer-Hotspots beiderseits der Adria durchstreifte, bevorzugt Chai, der in Serbien angebaut wird.

Leider ist es nur wenigen vergönnt, dieses in Deutschland einzigartige Crossover ins Glas zu bekommen. Lennartz braut es nur selten, niemand kann sagen, wann er es auf welchem Festival dabeihat. Nicht so schlimm, denn wenn man weiß, dass sich die Aromen des schwarzen Tees recht zurückhalten, kann man sich den Geschmack dieses Pale Ales gut vorstellen. Wäre es ein Gemälde, würde man von einer sanften Grundierung mit »Tea« sprechen.

Adresse Lenny's Artisanal Ales lebt das Konzept Gipsybrauerei konsequent, es gibt keine öffentliche Adresse. | **Bierprofil** Tea Pale Ale, Alt, Altbierbock, Weizenbock, American Pale Ale, Irish Red Ale, Smoked Dark India Ale, Coffee Cream Ale, Amber Ale, diverse Porter und India Pale Ales, Collaboration-Brews mit Brauern aus aller Welt | **Bezug** Die Kneipe Kaschk in Berlin-Mitte (Linienstraße 10) hat (fast) immer mindestens eine Sorte im Ausschank. Unregelmäßig auch in anderen Craft-Beer-Bars in Berlin zu bekommen, Flaschenbiere gelegentlich auch im (Online-)Fachhandel. | **Tipp** Die österreichische Next Level Brewing verwendet für ihr Geschmackswunder »Five O'Clock« Earl Grey als Brauwasser, die französische Brauerei Mor Braz nutzt naturbelassenes Meerwasser.

63 Honk A Tonk

Die Missionare des Nordens

»Lille läuft!« Mit dem Ziel, »Bier zu retten – vor Einheitsgeschmack, vor Langeweile«. So erklären die Quereinsteiger Max Kühl und Florian Scheske, warum sie 2014 in das Biergewerbe eingestiegen sind. In Australien und Neuseeland hatte sich Scheske mit dem Craft-Beer-Virus infiziert und ihn nach Kiel eingeschleppt. So etwas musste dort auch gebraut werden! Zuvor hatte er Ingenieurswesen und Industriedesign studiert. Kühl ist Verlagskaufmann und hat den Master in Kommunikationsdesign.

Nachdem die beiden in Kiel ihre Marke Lille gegründet hatten, musste ihr Baby das Laufen erst einmal lernen. Hilfe kam von prominenten Kollegen: Fiete Matthies vom Hamburger Wildwuchs Brauwerk brachte ihnen die Bierherstellung bei, Oliver Wesseloh von der Kreativbrauerei Kehrwieder (siehe Kapitel 51/52) schulte sie in Sachen Biersensorik, und Boris Georgiev, der Chefredakteur des Craftbeer-Magazins, der nebenbei eine Extrembier-Küche betreibt, versorgte sie mit Brauequipment. Georgievs Zeugenbräu würde, gäbe es eine Top-Ten-Liste der abgedrehtesten Braustätten der Welt, einen der obersten Plätze belegen. Sudkessel ist dort ein 100-Liter-Topf, der ins offene Feuer gestellt wird. Der Betreiber garantiert, dass jede Kreation streng gegen das Reinheitsgebot verstößt.

Als Kollaborationssud mit dem Zeugenbräu entstand auch das außergewöhnlichste der Lille-Biere, das Honk A Tonk, das die Brauer selbstironisch »A Cheap Nightclub Brown Ale« nennen. Dabei kommt es alles andere als billig daher. In den Tank, in dem das Dunkle lagert, werden Tonkabohnen hineingegeben. Die haben es in sich. Sie enthalten den Stoff Cumarin, der in Massen verzehrt gesundheitsschädlich sein soll und deshalb in den USA verboten ist. Dorthin wollen Kühl und Scheske ihr Bier aber auch nicht exportieren, eher ins nahe Dänemark und nach Schweden. Und natürlich auch in den Süden, damit es bald in ganz Deutschland heißt: Lille läuft!

Adresse Lillebräu, Kuhnkestraße 6, 24118 Kiel, Tel. 0431/90889784, www.lillebraeu.de; Zeugenbräu, Schlehenstieg 17, 22926 Ahrensburg, www.zeugenbraeu.de | **Bierprofil** Lillebräu: Honk A Tonk, Pale Ale, Pils, Lager, Sunny B*tch (Weizen Ale); Zeugenbräu: nach Lust, wenn Zeit ist | **Bezug** Ausschankorte und Verkaufsstellen von Lille-Bieren auf der Website, deutschlandweit im Fachhandel; Biere von Zeugenbräu extrem rar, per E-Mail nachfragen | **Tipp** Ein Tonkabohnen-Bier lässt sich leicht selbst herstellen: 0,05 bis 0,1 Gramm – nicht mehr! – geriebene Tonkabohne auf 0,5 Liter eines malzsatten Dunklen geben, die Flasche wieder verschließen und einen Tag im Kühlschrank durchziehen lassen.

64__Choco Porter

Ich wollt, ich wär ein Lastentier

Einer der Berufe, die man besser nicht ergreift, ist zugleich der Name eines Bierstils, dem die Craft-Beer-Bewegung zu einer glänzenden Wiedergeburt verholfen hat. Als das vom großen Brand vernichtete London Ende des 17., Anfang des 18. Jahrhunderts neu aufgebaut wurde – größer, schöner und diesmal aus Stein –, musste ein riesiges Heer an Lastenträgern günstig versorgt werden. Um die Porter satt zu bekommen, erfand man ein extrem nahrhaftes Bier. Wie genau die Urversion gebraut wurde, liegt im Dunkel der Geschichte. Mit dem Hefestamm Brettanomyces vergoren und in Holzfässern gelagert, dürfte sie nach Pferd und säuerlich geschmeckt haben. Möglicherweise müssen wir sie uns aber auch als Verschnitt aus einem einfachen und einem teuren Twopenny-Ale vorstellen.

Nippt man an einer der gelungensten modernen Interpretationen, wird der Gaumen als Allererstes diagnostizieren, dass der flüssige Lastenträger eine enorme Wandlung durchlaufen hat. Das cremige Choco Porter von Maisel & Friends, dem Craft-Beer-Ableger der 1887 gegründeten Weißbierbrauerei Maisel aus Bayreuth in Nordbayern, will am liebsten am arbeitsfreien Sonntag getrunken werden, nachmittags, wenn man in jene Trägheit hineinrutscht, die sich nur durch ein Schläfchen vertreiben lässt. Eine schwere Süße, die von einem bauchigen Malzkörper getragen wird. Eine üppige Auswahl an Schokoladen- und Kaffeearomen – als säße man in einer Konditorei. Ursprünglich sollte das extrem geschmeidige Dunkle nur im »Liebesbier« ausgeschenkt werden, der Erlebniswelt von Maisel & Friends, einer der besten Bierlocations in Deutschland, aber zu viele Gäste wollten es zu Hause auf dem Sofa genießen.

Um zu dem zu werden, was es heute ist, musste das Porter zunächst die Britischen Inseln verlassen. An den Küsten der Nord- und Ostsee bekam es einen lieblichen Charakter. Mit dem Fall des Eisernen Vorhangs schien sein Ende besiegelt.

Adresse Maisel & Friends, c/o Brauerei Gebrüder Maisel, Hindenburgstraße 9,
95445 Bayreuth, Tel. 0921/4010, www.maiselandfriends.com | **Bierprofil** Choco Porter,
Stefan's India Ale (India Pale Ale), Jeff's Bavarian Ale (dunkler Bock), Marc's Chocolate
Bock (Stout), Pale Ale, India Pale Ale, Citrilla (Weizen India Pale Ale), limitierte Sonder-
sude, im Liebesbier bis zu 45 fassgereifte Varianten | **Öffnungszeiten** Liebesbier mit
Restaurant, Showbrauerei und Shop (Andreas-Maisel-Weg 1, www.liebesbier.de): Mo – Fr
ab 8.30 Uhr, Sa, So und Feiertage ab 9.30 Uhr | **Bezug** Onlineshop auf der Website,
deutschlandweit im Getränke- und Fachhandel | **Tipp** Unweit der Erlebniswelt »Liebes-
bier« liegt der Eingang zum historischen Kellerlabyrinth der Bayreuther Bierbrauerei AG,
auch bekannt unter dem Kürzel »Aktien«, das täglich um 16 Uhr im Rahmen einer
Führung begangen werden kann (Kulmbacher Straße 60).

65 Captain Blaubeer
Wenn die Schokolade Hochzeit feiert

Die teuerste Zutat des Bieres ist der Hopfen, seit Generationen wird versucht, seinen Anteil an den Gesamtkosten zu senken, indem man immer effizientere Pflanzen züchtet. 1961 erhielt zum Beispiel eine Sorte namens Comet ihre Zulassung. Bei ihr war es gelungen, den Gehalt an Alphasäure auf 10 % zu pushen. 20 Jahre später verschwand sie vom Markt. Nicht mehr konkurrenzfähig. Die Alphasäure ist jener Inhaltsstoff, der das Bier bitter macht. Moderne Züchtungen haben die 15-%-Marke längst geknackt.

Wenn der gelernte Brauer Kolja Gigla und der studierte Betriebswirt Alexander Herold in der weiten Welt der Zutaten nach Inspiration suchen, ist ihnen jener zweite Inhaltsstoff des Hopfens wichtiger, auf den 1961 noch niemand geachtet hat. Die Dolden enthalten immer auch ätherische Öle. Sie spielen in einer klassischen Brauerei keine Rolle. Im Gegensatz zur neuen Craft-Kultur, die ja gerade dadurch fasziniert, dass ein Bier nach Zitrusfrüchten schmecken kann, ohne dass dafür auch nur eine Zitrone ausgepresst wurde.

Das dunkle Captain Blaubeer der von Giglas und Herolds 2013 in Hannover gegründeten Mashsee Brauerei dürfte mit dafür verantwortlich sein, dass der Comet heute – zumindest im kleinen Stil – wieder kultiviert wird. Die Urgesteine der deutschen Kreativbier-Szene sind berüchtigt dafür, Geschmackskomponenten zusammenzuführen, von denen man bis dahin geglaubt hat, sie könnten sich nur so feindlich gegenüberstehen wie Maus und Katze. Für ihren Captain Blaubeer haben die Braukünstler die intensiven Schokoladennoten eines Baltic Porters mit einem betörenden Fruchtaroma verheiratet, wie man es sonst nur bei einem India Pale Ale findet. Mit dem Comet hatte 1961 ein Hopfen das Licht der Welt erblickt, der bei einem Kaltauszug neben dezenten Zitrusaromen vor allem die von dunklen Beeren abgibt, beim sogenannten Hopfenstopfen also, wenn man die Dolden wie einen Teebeutel in den Reifetank hängt.

Adresse Mashsee Brauerei, Am Eisenwerk 17, 30519 Hannover, Tel. 0511/37022974, www.mashsee.de | **Bierprofil** Captain Blaubeer, Trainingslager (hopfengestopftes Lager), Red Ale, diverse hopfengestopfte Pilse, Weizen, Eisbock und andere | **Bezug** Onlineshop, Ausschankorte und Verkaufsstellen auf der Website, deutschlandweit im Fachhandel | **Tipp** Hannover besitzt mit dem Craft Beer Kontor eines der renommiertesten Fachgeschäfte für besondere Biere (Schlägerstraße 17). Es wurde ebenfalls von Gigala und Herold gegründet, hat immer auch ein paar Kreationen am Hahn und veranstaltet empfehlenswerte Degustationsabende.

66 Hopfenzupfer
Erntedank nach Art der Braumeisterin

Wer als Koch etwas auf sich hält, der zieht auf dem Fensterbrett seinen eigenen Thymian. Weil Kräuter frisch gezupft einfach intensiver sind. Auch die Aromaten, die beim Bier auf der Zutatenliste stehen, könnten deutlich mehr, als sie gemeinhin dürfen. Bis 1968 wurden die Dolden des Humulus lupulus – des Hopfens – immer in getrockneter Form zu den Sudkesseln gebracht. Seitdem erlaubt das Reinheitsgebot zum Ärger vieler aber auch, Hopfenextrakt zu verwenden, bei dem die benötigten Bitter- und Aromastoffe mit Alkohol extrahiert werden. Hopfen kann nur einmal im Jahr geerntet werden. Das ist das Problem.

Reif ist das Gewürz des Bieres in der ersten Septemberhälfte. Die Natur gibt das genaue Wochenende vor, an dem Gisela und Monika Meinel-Hansen in ihrem Brauereihof ihr Erntedank zelebrieren. Die Schwestern haben vor wenigen Jahren die Regie im elterlichen Traditionsbetrieb Meinel-Bräu übernommen. Am Morgen ihres »Hopfenzupferfestes« holen sie in Spalt frisch geschnittene Ranken. Bevorzugt wird die Sorte mit dem seltsamen Namen »Spalt Spalter«, die älteste, die in dem südlich von Nürnberg gelegenen Anbaugebiet kultiviert wird. Gemeinsam zelebrieren die Belegschaft und die Gäste die Mühsal, die klebrigen Dolden von Stiel und Blattwerk zu befreien. Ein Teil wird unverzüglich in einer Würze mitgekocht. Weil sich die Aromastoffe aber bei Temperaturen knapp über dem Gefrierpunkt besonders gut entfalten, wird mit dem zweiten Teil im Reifetank kaltgehopft.

Wer noch nie ein Grünhopfen-Bier gekostet hat, sollte sich darauf einstellen, dass sich die Herbe eines nordischen Pils nicht nur steigern, sondern potenzieren lässt. Der »Hopfenzupfer« agiert wie eine Diva. Ihre Bühne: der Mundraum. Mit einer wuchtig knackigen Bittere setzt er sich dort fest. Geradezu bildhaft trägt er dort das Aroma einer Blumenwiese auf. Für länger. Extravagant und extrem eigensinnig.

Adresse Meinel-Bräu, Alte Plauener Straße 24, 95028 Hof, Tel. 09281/3514, www.meinel-braeu.de | **Bierprofil** Maischätzla (hopfengestopfter Maibock), Hopfenzupfer, umfangreiche Kollektion traditioneller fränkischer Biere, darunter mehrere saisonale Böcke | **Öffnungszeiten** Direktverkauf: Mo–Do 8–17.30 Uhr, Fr 8–17 Uhr, Sa 8–12 Uhr; »Biersalon Trompeter« in der Hofer Innenstadt (breites Craft-Beer-Angebot): Di–Sa ab 19 Uhr | **Bezug** deutschlandweit im gut sortierten Fachhandel | **Tipp** In Helmbrechts, einem Nachbarstädtchen von Hof, betreibt Biersommelier Jörg Dietrich das »Landbierzentrum«, einen Getränkeladen mit einer legendär breiten Auswahl an regionalem Craft Beer.

67 _ Pilsbock

Seit 1926 im Kampf für den vollen Geschmack

Das Jahr 1989 mag Historikern als ein großes gelten. In Sachen Bier markiert es einen Tiefstand. Bei ihren Ausflügen nach »drüben« lernten die Wessis die von Rohstoffmangel und Produktionsfrust deformierten Ostmarken kennen. Was für dünne Brühen! Verachtenswert! Und die Ossis durften endlich jene Gerstensäfte haben, die ihnen im Westfernsehen immer so überlegen erschienen waren. Hüben wie drüben war fortan klar: Pils made by Konzernbrauereien ist die einzig selig machende Wahrheit. Ein Blondchen also, das weder Aromen noch Charakter besitzt. Was zehn Jahre lang niemandem mehr auffallen wollte.

Nicht nur in dieser Ära wird man in der Bochumer Scharnhorststraße genau nachvollzogen haben können, wie sich Asterix gefühlt hat. Schon seit 1926 ist die dortige Brauerei Moritz Fiege so etwas wie das gallische Dorf Bierdeutschlands. In diesem Jahr beschloss der Inhaber Moritz Fiege – der zweite dieses Namens –, dass seine Kunden den komplexen, eigenwilligen Geschmack eines originalen, eines böhmischen Pils verdient hätten. Ein echter Vertreter dieses 1842 entwickelten Biertyps ist nicht einfach nur herb. Wiesen- und Fruchtaromen tarieren seine ausgeprägte Bitterkeit zugunsten eines harmonischen Trink-Erlebnisses aus. Seine emotionale Bandbreite reicht von sanft und schmeichelnd bis hin zum schneidigen Befehlston des Militärs. In einem Schluck. Mit dafür verantwortlich: zarte Nuss- und Butternoten, die dank eines speziellen Kochverfahrens konzentriert werden.

In der Starkbierversion des legendären Moritz-Fiege-Pils scheint die Ernte einer ganzen Hecke enthalten zu sein. Da ist zunächst das Nussaroma. Sobald es sich im Mundraum ausgebreitet hat: Auftritt des um die Stämme gewachsenen Grases, frisch gemäht. Dann marschiert der Alkohol ein, um die Geschmacksrezeptoren zu besetzen. In Kompaniestärke. Schneidig wie Pfeffer. Zwölf Wochen gereift. 7,8 % stark. Ein Bier, das ein Drama zu inszenieren in der Lage ist.

Adresse Privatbrauerei Moritz Fiege, Moritz-Fiege-Straße 1 (vormals Scharnhorst-straße 21–25), 44787 Bochum, Tel. 0234/68980, www.moritz-fiege.de | **Bierprofil** Pilsbock, Pils, leichtes Pils, Gründer (Export), zwei Helle, Alt, Dunkles, Weizen | **Öffnungszeiten** Besuchsbrauerei BrauKultTour: Mo–Do 18.30–21.30 Uhr, Fr 16–19 Uhr; Fanshop: Do, Fr 12–18 Uhr; Braugasthaus Fieg's Stammhaus (Bongard-straße 23, Tel. 0234/4174688, www.fieges-stammhaus.de): Mo–Sa ab 12 Uhr | **Bezug** Händler-Suchverzeichnis auf der Website, regional in Getränkehandel und Gastronomie stark vertreten, überregional im Fachhandel | **Tipp** Mit weit über 200 Bieren gilt der Finkenkrug als die Craft-Beer-Kneipe des Ruhrgebiets mit der größten Auswahl. Sie öffnet ihre Türen täglich in Duisburg unweit der Universität im Sternbuschweg.

68__Lago Dorado
Machen wir die Nacht zum Tag!

Es ist sechs Uhr morgens in Berlin. Auf den U-Bahn-Steigen reihen sich zerknitterte, in sich gestülpte Menschen auf, als wären sie Baustellenhütchen, die aufs Einsammeln warten. Ein Teil von ihnen ist noch nicht richtig wach. Die anderen sind es noch immer. Jenen, die zur Arbeit müssen, ist nach einem Konterbier, auf dass es ihren Kater vertreibt. Die anderen haben ihren Stamm-Club in dieser magischen Stunde eben erst verlassen – und noch immer Durst. Diese beiden für ihre Stadt so typischen Spezies müssen die drei Wahl-Berliner von Motel Beer vor Augen gehabt haben, als sie das Rezept für ihr Lago Dorado austüftelten.

Bevor sich der US-Amerikaner Cory Andreen und der Neuseeländer Travis Wilson mit dem kanadischen Brauer Peter Read zu Motel Beer zusammenschlossen, widmeten sie ihr Leben ganz dem Kaffee. Unter dem Label Brewbox kochten sie im Kellergeschoss der Markthalle Neun in Kreuzberg aus edlen Bohnen einen Schwarzen, der trinkfertig im Fass ausgeliefert wird und der die Kraft haben soll, geschmacksverwirrte Seelen von Pads und Instantpulver zu heilen. Oben in der Halle wiederum assistierte Peter Read der Craft-Beer-Legende Johannes Heidenpeters (siehe Kapitel 44/45).

Zumindest räumlich lag die Idee also nahe, die auf beiden Ebenen reichlich vorhandenen Fertigkeiten in nur einem Getränk zu vereinen. Ein »British Golden Ale with Coffee«, so beschreiben die drei das selbst für die coole Hauptstadt verwegene Ergebnis, das im Sudhaus eines Kollegen entsteht. Die für ein blondes Ale typischen Aromen von Orange, Mandarine und Blumenwiese, verheiratet mit der schweren Würzigkeit guatemaltekischer Bohnen? Oh ja! Der Anteil des Kaffees, der dem Bier fertig aufgebrüht beigemischt wird, hält sich dabei mit 2 % in Grenzen. Gedacht war die Zusammenarbeit der Baristas und des Brauers eigentlich als einmaliges Happening. Doch die Nachfrage war durchschlagend.

Adresse Motel Beer, Eisenbahnstraße 13, 10997 Berlin, Tel. 0175/5097767, www.motelbeer.com **| Bierprofil** Lago Dorado, White Sands (Pale Ale), Plein Soleil (Grisette), Golden Lake (British Ale) **| Bezug** Ausschankorte und Verkaufsstellen auf der Website **| Tipp** Motel Beer nutzt unter anderem die Sudanlage von Philipp Brokamp alias Hops & Barley, einer 2008 in einer ehemaligen Metzgerei in Friedrichshain eröffneten Hausbrauerei.

69___Don Limone

Aromen, erklärt Euch mal!

Es trinkt sich nicht nur exzellent. Aufgrund seiner von den Brauganoven Dario Stieren und Niklas Zerhoch alias Munich Brew Mafia kriminell subversiv eingearbeiteten Aromatik eignet es sich auch, um an dieser Stelle ein Missverständnis auszuräumen. Jenes, das so manchen Pilspiefke davon abhält, auch nur einmal an diesem neumodischen Craft-Beer-Zeug zu nippen. Craft Beer wird mit Vokabular wie »Pfirsichnoten«, »Pinienaroma« und Co. beschrieben. In diesem Buch. Auf den Flaschen. Von Biersommeliers. Etliche Laien befürchten daher, die Braumeister würden in die Trickkiste der Lebensmittelindustrie greifen: zu künstlichen Aromen.

Erstens gilt unter Craft-Beer-Brauern der Ehrenkodex, ausschließlich rein natürliche Zutaten zu verwenden. Die genannten Aromen entstehen zweitens, indem man Hopfen auch wie ein Gewürz anwendet – vergleichbar mit Oregano in der Küche Italiens. Konventionelle Brauereien arbeiten nur mit einer Handvoll Sorten, denn sie sind lediglich an einem Inhaltsstoff interessiert, der Alphasäure, die das Bier bitter und haltbar macht. Für Braukünstler wie die Munich Brew Mafia hingegen ist der zweite Inhaltsstoff des Hopfens entscheidend, die ätherischen Öle, die – je nach Sorte – mal nach Pfirsich, mal nach Pinie, Mango, Pfefferminz oder Blumenwiese schmecken können.

Beim genialen Don Limone sind als Dominante Zitrusfrüchte zu nennen, begleitet von Mirabelle und frisch gemähtem Gras. Dank des Hopfens Citra, einer Züchtung aus den USA, ruft der extrem fruchtige Pils-Ableger vor dem inneren Auge das Bild eines Zitronen-Bauernhofs in Italien auf. Viermal holen Dario Stieren und Niklas Zerhoch neue Dolden aus dem Lager, bis sie ihren Don Limone fertig haben. Ein Bier, das genau den richtigen Spritz hat, um das Verlangen nach einem mit Chemie gepanschten Radler auf null zu drücken. Übrigens: Aromen gibt es ohne Ende! Weltweit werden gut 200 Sorten Hopfen angebaut.

Adresse Munich Brew Mafia, Rosenheimer Straße 108, 81669 München, www.munichbrewmafia.de | **Bierprofil** Don Limone, Habemus Cervesiam (Rauchbier-Double), Golden Jail Ale (American Pale Ale), unregelmäßig Sondersude | **Öffnungszeiten** Die beiden Betreiber des Craft-Beer-Labels veranstalten häufig Braukurse, Termine finden Sie auf der Website. | **Bezug** Ausschankorte und Verkaufsstellen auf der Website, deutschlandweit im Fachhandel | **Tipp** Als Barmänner hat das Duo Munich Brew Mafia das Münchner Tap-House mit geprägt, eine Craft-Beer-Bar mit 42 Zapfhähnen und 200 Sorten auf der Karte.

70__Herbert
Gebraut nach dem Freiheitsgebot

Düsseldorf hält den Rekord der längsten Theke der Welt. 1978 verlieh der Karnevalist Hans Ludwig Lonsdorfer der Altstadt diesen Ehrentitel in einer Hymne, die feiert, was dort getrunken wird: das Alt, einer der letzten deutschen Bierstile, die den in den 1870ern von der Industrialisierung ausgelösten Umwälzungen des Brauwesens getrotzt und bis heute überlebt haben.

Nicht nur geografisch ist Phillip Roberts auf Distanz zum dunklen Schluckbier des Niederrheins gegangen, als er 2014 den Brotberuf des Unternehmensberaters an den Nagel hängte. In einem Außenbezirk von Düsseldorf, dem bis 1909 eigenständigen Gerresheim, betreibt der Halb-Amerikaner seither mit »Onkel« ein Craft-Bier-Label, das sich der einzigen Bierregion verschrieben hat, die zum UNESCO-Weltkulturerbe zählt: Belgien. Um zu brauen, mietet er sich in Lochristi, einem Dorf bei Gent, bei der Kleinbrauerei deProef ein. Deren Inhaber Dirk Naudts wird ihm dann zum Kompagnon.

In Belgien herrscht das »Freiheitsgebot«, heißt es auf Roberts' Etiketten. Vor allem aber haben die Brauer Flanderns keine Angst vor der Hefesorte Brettanomyces, kurz Brett, die in ihrer Wildform auf der Schale von Früchten sitzt und deshalb auch in Weinkellern gute Arbeit verrichtet. Weil Brett Aromen produziert, die Sommeliers wenig schmeichelhaft als Pferdedecke und nasses Fell bezeichnen, gilt sie in deutschen Sudhäusern als das Böse schlechthin.

Brett spielt denn auch die Hauptrolle bei der Verwandlung von Wasser, Malz und 3 % Rhabarberpüree in Phillip Roberts' euphorisch gefeierter Version einer Berliner Weiße. Rhabarber, damit der legendäre Schuss immer bereits enthalten ist. Pferdedecke? Fehlanzeige! Herbert, so der Name der prickelnden, extrem erfrischenden Köstlichkeit, erinnert an Federweißen. Man denke sich die Eleganz von Champagner hinzu. Erhaben säuerlich. Ungewohnt. Extrem spritzig. Aufs Angenehmste faszinierend.

Adresse Onkel Bier, Am Wildpark 49, 40629 Düsseldorf, Tel. 0211/17609102, www.mein-onkel.de | **Bierprofil** Herbert, Albert (Roggen-Saison), Jupp (Pale Ale), Klaus (Tripel) | **Bezug** Bezugsquellen auf der Website, deutschlandweit im Fachhandel | **Tipp** Mit der Holy Craft Beer Bar gibt es in der Düsseldorfer Altstadt (Liefergasse 11) mittlerweile auch eine Kneipe, an deren Tresen man sich durch die Vielfalt der Bierwelt probieren kann. Sie ist ein Ableger des Fachgeschäfts Holy Craft Beer Store (Friedrichstraße 79).

71__Boomshakalaka
Alles außer gewöhnlich

Das Hochamt der Craft-Beer-Kultur, das ist das erst zügige, mit dem Fortschreiten des Tages dann immer mehr mäandernde Schlendern über ein Festival, ein Degustationsglas in der Hand, das einem jeder der (sagen wir mal) 50 Aussteller nacheinander mit einem Schnapper seiner fünf präsentierten Kreationen füllen will. Macht zusammen 250 Sorten à 0,1 Liter. Am nächsten Morgen kann man sich bei dieser Zahl nur an die spektakulärsten erinnern. Kein Wunder also, dass bei solchen Events die jungen Wilden punkten.

Über eines dieser Festivals hat sich Felix vom Endt aus dem Stand in die Spitzengruppe jener deutschen Bierrebellen katapultiert, in deren Gehirnen minütlich ein neuer flüssiger Exzess entsteht. Gerade erst so viele Monate alt, wie Bier zum Reifen braucht, avancierte sein Orca Brau 2017 auf der Münchner Dreitagesparty Braukunst Live! zum Besucherliebling. Bei der Vergabe des Publikumspreises sah sich vom Endts Extrem-Ale »Boomshakalaka« auf dem Siegertreppchen.

Vom Endt hatte seine Leidenschaft für Bier zunächst als Blogger ausgelebt, ließ sich dann in Vancouver, Kanada, von der Craft-Manufaktur Parallel 49 Brewing das Brauen beibringen und war zwei Jahre lang die rechte Hand des Berliner Bierkünstlers Johannes Heidenpeters. Von Heidenpeters (siehe Kapitel 44/45) hat er auch seine Fünf-Hektoliter-Anlage übernommen und in seine Wahlheimat Nürnberg gebracht.

Boomshakalaka – das ist: Rauchmalz, Himbeeren und Habanero-Pulver. In Geschmack übersetzt stellen wir uns ein halbes Brötchen vor, belegen es: das Aroma von Schwarzwälder Schinken, überlagert von der süß-säuerlichen Fruchtigkeit der roten Beeren und durchstochen von der Schärfe des Chilis. So ein Bier polarisiert natürlich bereits, bevor man es probiert hat. Seine pure Existenz bringt Traditionalisten auf die Palme und bei Nerds Tränen des Glücks zum Fließen. Schmeckt's auch? »Bäh!«, sagen manche. »Wow!«, schwärmen andere.

boomshakalaka
smoked raspberry-chilli ale

alc. 5,5 % vol

orca

Adresse Orca Brau, Am Steinacher Kreuz 24, 90427 Nürnberg, Tel. 0176/20782677, www.orcabrau.de | **Bierprofil** Boomshakalaka, Normal (Lager), Anders (Double Pale Ale), Brokantie (Saison), On sunday we do nothing (Saison mit Rhabarber und Fichtenspitzen), allein im ersten Jahr gut 20 Sorten | **Öffnungszeiten** Termine der Werkverkauf-Eventtage auf der Website | **Bezug** deutschlandweit im Fachhandel | **Tipp** Ebenfalls in Nürnberg braut Eppelein & Friends alias Karsten Buroh herausragende Biere in britisch-belgischer Tradition.

72__From Asia with Love

Scharf wie Streetfood in Vietnam

Bevor sich Andreas Seufert für die Provinz entschied und sich 2007 auf der Rhön, einem von kargen Schafweiden geprägten Landstrich, eine Mikrobrauerei zusammenbaute, war die Globalisierung beruflich sein Ding. Erst hatte er in Vietnam und China als Brauer angeheuert, dann war er für zwei führende deutsche Anlagen-Hersteller mehrmals um die Welt gereist, um unter anderem erneut in China fabrikneue Sudkessel und Co. in Betrieb zu nehmen. Wenn der Medienliebling und Star der Craft-Beer-Szene heute für sein kleines Pax Bräu ein Bier austüftelt, das den Geschmackskosmos Asiens einfangen soll, kann man sich also sicher sein: Seufert kennt die Geheimnisse des Fernen Ostens nicht nur vom Hörensagen. Mal heißt der vehemente Verstoß gegen das Reinheitsgebot »Szechuan Style«, mal »From Asia with Love«, das Etikett wurde beidseitig bedruckt, der Zufall entscheidet, wie herum es geklebt wird. Pax Bräu steht für Kompromisslosigkeit und für Biere, die mit großer Attitüde am Mainstream vorbeizielen. Sie zu trinken soll gar nicht jedermanns Sache sein. Dennoch sind die 3.000 Liter, die Andreas Seufert höchstens einmal im Jahr von seinem »Szechuan Style« abfüllt, immer über Nacht ausverkauft. Man denke sich zunächst ein leeres Glas, fülle es halb mit einem hellen Lagerbier und schütte mit einem Kristall, einem Weizen ohne Hefe, auf. Anschließend addieren wir im Kopf jene Arten von Schärfe hinzu, wegen denen wir so gern beim Thailänder essen: die Breitbandschärfe von Ingwer und die stechende von Chili. Was uns jetzt noch fehlt, ist das seifige Aroma von frischem Koriander. Bitte viel davon hinzudenken. Zusätzlich zu den genannten Gewürzen stehen nebst drei Getreidesorten, Wasser und Hefe noch Bitterorangenschalen, Szechuanpfeffer und Zitronengras auf der Zutatenliste.

Wichtig: Dieses Bier darf nicht zu kalt sein, soll es seine volle Wucht entfalten, eine Stunde vor dem Öffnen aus dem Kühlschrank nehmen. Man liebt es. Oder man mag es gar nicht.

Adresse Pax Bräu, Rathgeberstraße 7, 97656 Oberelsbach, Tel. 09774/7439003, www.pax-braeu.de | **Bierprofil** regelmäßig Vollbier, Weizen, Blanche (Witbier), Pazificator (dunkler Bock), Märzen, Rhöner Höhensonne (Helles, alle Zutaten stammen aus der Rhön); monatlich variierend ein radikales Bier, unter anderem Gose mit Rhabarber und Hibiskus, Stout mit Minze und Kakao und ein Winterbier mit Honig, Nelken, Vanille und Rosinen; Braukalender auf der Website | **Öffnungszeiten** Direktverkauf: Mo – Fr 8 – 11 und 12 – 18 Uhr, Sa 8 – 14 Uhr, kein Braugasthaus | **Bezug** Onlineshop und Karte mit Bezugsquellen auf der Website | **Tipp** Andreas Seufert ist Gründungsmitglied und Vorstand des »Vereins Deutscher Kreativbrauer«, einer Interessengemeinschaft von Craft-Beer-Brauern, die das Reinheitsgebot ignorieren. Dessen erster Gemeinschaftssud summiert vier Verstöße: ein untergäriges Weizen mit Kümmel, Wacholder und Salz.

73_Crazy Bastard

Der Stich von zwei Millionen Scoville

Wo auf der Welt wird man fündig, wenn man nach echt kreativen Braukünstlern sucht? In den USA, dem Mutterland der Craft-Beer-Kultur – logisch. Auch klar: Großbritannien, Belgien, Tschechien, Dänemark. Deutschland? Holt inzwischen mächtig auf! Aber die wahren Spitzenreiter Europas sind allesamt Länder, denen ein unbedarfter Stammtischbruder vieles, aber kein Bier von Weltformat zutrauen würde: Dänemark und Schweden im Norden, im Süden Italien und vor allem Spanien.

Schweden, das ist auch die Heimat von Andreas Håkansson, und Spanien die seiner Lebensgefährtin Christina Saez Martinez. Dort entschlossen sich die beiden, der Sicherheit einer Ingenieurslaufbahn abzuschwören und sich ganz dem großen Bierspaß zu verschreiben, der dort von der jungen Generation so leidenschaftlich gepflegt wird wie von den Alten die Kultur des Flamencos. Ihr Geschäftsmodell: Partys organisieren, auf denen gemeinsam gebraut wird. Nach vier erfolgreichen Jahren ziehen sie weiter: Berlin. Dort gründen sie das Label Pirate Brew. Dessen Spezialität sind tiefdunkle Sorten. So schwarz wie eine Piratenfahne eben. Håkansson und Martinez finden die Dunklen spannender. Sollen doch die anderen auf die hellen Erfolgsgaranten India Pale Ale und Sauerbier setzen. Schließlich lautet ihr Motto: Don't follow rules!

Das tun ihre Kreationen tatsächlich nicht. Na ja, höchstens ihr Pirate Porter, das sie letztlich aber auch nur als Basisrezept für diverses verrücktes Zeug entwickelt haben. Für ihr Pirate Coffee Porter zum Beispiel. Bei dieser Variante wird das obergärige Grundbier mit Kaffee aus Guatemala eingebraut. Seeräuber kommen halt in der Welt herum und wissen, was gut ist. Oder für ihr Crazy Bastard Chili Porter, das 0,02 % Trinidad-Moruga-Scorpion-Chili enthält – eine der schärfsten Sorten der Welt. Keine Angst: Der Stich ihrer zwei Millionen Scoville wird souverän von den satten Röstmalzaromen des Grundporters abgefangen.

Adresse Pirate Brew, Claire-Waldoff-Straße 4, 10117 Berlin, Tel. 0157/52687171, www.piratebrew.rocks | **Bierprofil** Pirate Porter, Pirate Coffee Porter, Crazy Bastard Chili Porter, ständig Kollaborationssude mit Brauern aus aller Welt | **Bezug** deutschlandweit im Fachhandel | **Tipp** Wer es edel, aber nicht schnieke, vor allem aber kulinarisch anspruchsvoll mag: Das Restaurant Meisterstück kombiniert jedes Speisenangebot mit dem passgenauen Craft Beer (Hausvogteiplatz 3−4 und Kurfürstendamm 175 sowie zweimal in München).

74_Turbo Prop
Das Pils zum Abheben

Was ist eigentlich der Unterschied zwischen einem Craft und einem anderen Bier? Darf Ersteres nur aus Kleinstunternehmen stammen? Über diese Frage streitet die Szene vehement, gehen die Meinungen weit auseinander. Aber in einem sind sich alle einig: Das Pils aus der Fernsehwerbung, gebraut in vollautomatischen Fabriken von zu Maschinisten mutierten Braumeistern, ist es nicht!

Wie das Turbo Prop von Propeller, dem Edelbier-Ableger der westfälischen Traditionsbrauerei Bosch, zeigt, kann ein Pils auch auf Gourmet-Niveau stehen. Wenn man es nur lässt. Wenn man es nicht glanzfein filtriert und dadurch seiner Trübstoffe und mit ihnen seines geschmacklichen Tiefgangs beraubt. Wenn man mit dem teuren Rohstoff Hopfen nicht geizt und das grüne Gold in verschwenderischer Menge auch in der Reifephase einsetzt, seine ätherischen Öle durch die sogenannte Kalthopfung ins Nass diffundieren lässt.

Propeller, 2011 von Hans-Christian Bosch – Namensträger der Brauerei, die er in der elften Generation leitet – und Sepp Wejwar alias »Der Bier-Sepp« gegründet, zählt zu den Keimzellen des Neuen Deutschen Bierbewusstseins. Wejwar nahm in dieser Zeit gerade Anlauf, um sich zur Nummer eins der Bierexperten seiner Heimat Österreich aufzuschwingen. Markanteste Besonderheit sind die Mengen, mit denen die beiden kalkulieren. Die Propeller-Biere entstehen in einem auf etwa 25 Hektoliter ausgelegten Sudhaus. Diese Größe schützt vor Schwankungen bei Geschmack und Qualität.

Die Hardware ist gleichzeitig der Grund, weshalb das wunderbar mit Grasaromen gesegnete Pils von Propeller satte 6,5 % stark ist und in der Sortenbezeichnung den Zusatz Imperial trägt. Mehr Alkohol bedeutet mehr Zeit, eine Charge abzuverkaufen, er erhöht die Haltbarkeit. Zum Vergleich: Unter Craft-Beer-Start-ups gelten Fünf-Hektoliter-Anlagen bereits als wuchtig. Mit ihnen fällt es schwerer, ein Rezept exakt zu reproduzieren.

Adresse Propeller, Mauerstraße 24, 57334 Bad Laasphe, Tel. 02752/1234, www.propeller-bier.eu | **Bierprofil** Turbo Prop, Aufwind (India Pale Ale), Nachtflug (Imperial Stout), Looping (Red Ale) | **Öffnungszeiten** Besichtigung der Brauerei Bosch: Termine auf www.brauerei-bosch.de | **Bezug** Onlineshop auf der Website, deutschlandweit im Fachhandel | **Tipp** Als das beste Imperial Pils der Welt gilt das Into The Void. Es stammt von der Kleinbrauerei Marble aus dem britischen Manchester.

75__Dampfer Bier

Spaß schmeckt immer noch am feinsten

Es soll ja in der DDR üblich gewesen sein, dass man keine Badehose besaß, aber ständig in der Ostsee planschte. FKK war nicht die einzige Freiheit, die man sich im Westen nicht nahm, drüben aber selbstverständlich war. »Auf den Bockbier-Festen zum Beispiel«, schwelgt einer, der es wissen muss, die Brauerlegende Gernot Bätz, »wurde der Pro-Kopf-Verbrauch in Weltrekordnähe gerückt.« Überhaupt habe damals ein »gigantischer Bierkonsum« geherrscht. Speziell in der Kneipe der Gartenstadt Plaue – einem Stadtteil von Brandenburg –, die 1915/16 für die Arbeiter einer Munitionsfabrik errichtet worden war. Bätz betreibt sie seit 1988.

1997 führte Bätz in seiner »Kneipe Pur« Hausgebrautes ein. Anfangs entstand es im Rahmen von Braukursen, die immer mit der Pflicht verbunden waren, das Ergebnis restlos auszutrinken. 2003 gönnte er sich ein größeres Sudwerk. Seither zapft er nur noch eigene Kreationen. Aufs Jahr verteilt rund 40 Sorten. Und was für welche! Ein mit Backhefe vergorenes Haferbier. Ein Ale mit Honig von den Kleewiesen direkt hinterm Haus. Und als kollektive Mutprobe jedes Jahr an Christi Himmelfahrt ein Knoblauchbier. »Verträgt«, laut Etikett – wie alle anderen –, »Ex-Trinken ohne Widerstand«.

Es würde viel zu kurz greifen, Bätz einen anarchischen Freigeist zu nennen. Das weiß man spätestens nach einem Glas seines Dampfer Bieres. Der Sommertrunk rekonstruiert, wie Gerstensaft aus Plaue, der um 1850 im großen Stil nach Berlin verschifft wurde, damals wohl geschmeckt hat. Intensiv und dabei vielschichtig herb dank Hopfen aus dem Anbaugebiet Elbe-Saale. Jedes Mal einen Tick anders dank der Resteverwertung von Dolden, die von einem anderen Sud übrig sind.

Wer schon einmal die weltberühmte böhmische Brauerei Pilsner Urquell besucht hat, kennt die nur dort ausgeschenkte, verdammt gute Version der Mutter aller Pils-Biere. So, wie sie ideal wäre, mundet Gernot Bätz' Dampfer Bier.

Adresse Pur Bräu, Kneipe Pur, Lewaldstraße 23a, 14774 Brandenburg an der Havel,
Tel. 03381/403466, www.kneipepur.de | **Bierprofil** etwa 40 wechselnde, saisonale Sorten, die
von den verschiedensten Bierkulturen der Welt inspiriert sind, historische Stile wiederauf-
erstehen lassen oder bei denen mit regionalen Rohstoffen experimentiert wird | **Öffnungszeiten**
Braugasthaus Kneipe Pur: Do, Fr und Sa ab 17 Uhr, Christi Himmelfahrt 10 – 15 Uhr | **Bezug**
Ausschank und Direktverkauf nur im Braugasthaus Kneipe Pur | **Tipp** Zu den lange Zeit ver-
schwundenen historischen Bierstilen Brandenburgs zählt die Potsdamer Stange, bei der neben
Gersten- auch Weizenmalz verbraut wird. Die Braumanufaktur Potsdam hat sie wiederbelebt.

76__Kaventsmann
What Shall We Do with the Drunken Sailor?

Im 18. Jahrhundert eroberte ein Bierstil den Ostseeraum, den sich die Briten haben einfallen lassen, um ein Heer von Schwerstarbeitern bei Kräften zu halten, das man für den Bau der boomenden Städte angeheuert hatte – das intensiv malzige Porter. Und weil es bei einem Bier, das sich in der Fremde niederlässt, nicht anders ist als bei uns Menschen, hat sich auch der flüssige Auswanderer rasch an seine neue Heimat angepasst. Man muss wissen, dass sich die Braumeister des damals russischen Baltikums zugleich am eng mit dem Arbeitertrunk verwandten Hausbier der Zaren orientierten, als sie ihre regionale Variante ausformten. Neben der intensiven Süße dürfte auch die höhere Umdrehungszahl des »Baltic Porter« auf das Herrscherbier zurückzuführen sein. Das um die 10 % Alkohol starke Imperial Stout war um dieselbe Zeit in den Osten eingewandert. Als Geschenk Englands an Katharina die Große.

Wer wissen will, wie das noch weit ins 20. Jahrhundert hinein von Polen bis Finnland äußerst populäre Obergärige dereinst geschmeckt haben muss, findet die Antwort in Hamburg. Der Zweite Weltkrieg hatte dem »Baltic Porter« so stark zugesetzt, dass es im Westen gänzlich ausstarb und östlich des Eisernen Vorhangs nur noch in Nischen vor sich hin vegetierte.

In den historischen Viehmarkthallen des Szeneviertels Schanze lässt die Ratsherrn Brauerei das nachtschwarze flüssige Bonbon wiederauferstehen. Man lege sich in Gedanken ein Konzentrat aus Zerealien auf die Zunge. In dessen schwere Süße bette man die Aromen von Brotkruste, Kaffee und dunklen Trockenfrüchten. Ein faszinierender Begleiter zu Geräuchertem, aber auch zu Brownies und anderen Kuchen.

»Kaventsmann« haben die Hanseaten ihr Baltic Porter getauft. So heißen auch jene Monsterwellen, denen selbst der stärkste Seebär nicht gewachsen ist. Sie legen ihn flach. Mitsamt seinem Schiff. Bei ordentlichen 6,6 % Alkohol macht das Sinn.

Adresse Ratsherrn Brauerei, Lagerstraße 30a, 20357 Hamburg, Tel. 040/380728920, www.ratsherrn.de | **Bierprofil** 33 Sorten, vom Pils über ein Belgian White Ale bis zum India Pale Ale | **Öffnungszeiten** Braugasthaus Altes Mädchen: Mo–Sa ab 12 Uhr, So ab 10 Uhr, Craft-Beer-Store mit eigenen sowie Bieren aus aller Welt Mo–Sa 12–20 Uhr, beides in den Schanzenhöfen; täglich Brauereiführungen | **Bezug** Onlineshop auf der Website, deutschlandweit im Fachhandel | **Tipp** Wer sich in der Hansestadt zu Porter und anderen Bierstilen beraten lassen will, sollte das Fachgeschäft »Bierland Hamburg« aufsuchen. Inhaberin Esther Isaak de Schmidt-Bohländer ist ein Urgestein der Szene und nimmt kein Blatt vor den Mund.

77 frohnatur
Auf bestem Weg zum Nobelpreis

»Theorie ist, wenn man alles weiß, aber nichts funktioniert.« Wer hat's gesagt? Albert Einstein. Und er irrte! Man kann an der Universität durchaus auch fürs Leben lernen. Das beweisen die fünf jungen Gründer des Craft-Beer-Labels RheinCraft aus Köln. Joachim Koepff, Michael Limberg, Holger Morschett, Viola Pooth und Andreas Radek kennen sich von ihrer Arbeit als Doktoranden der Biotechnologie am Forschungszentrum Jülich, einer der bedeutendsten wissenschaftlichen Kaderschmieden in Europa. Weil die Biergärung ein interessanter mikrobiologischer Prozess ist, lag es nahe, die Pflicht mit dem Angenehmen zu verbinden und die flüssigen Resultate der Versuchsanordnungen ihrem natürlichen Zweck, dem Genuss, zuzuführen. 2012 begann ein »JuBräu«-Team in wechselnder Besetzung Institutsfeiern mit selbst gebrauten Bieren zu versorgen.

2014 gewannen die fünf Mikrobiologen dann den internationalen Brauwettbewerb der Technischen Universität Hamburg, passend zur WM in Brasilien mit einem Bier mit Mojito-Aroma. Erzeugt wurde der für den Cocktail typische Minzgeschmack allein durch die Kombination passgenauer Hopfensorten. Nach dem Reinheitsgebot also. RheinCraft entwickelte seinen Sieger zur »frohnatur« weiter und gab ihm jenen Tick Alltagstauglichkeit, den es braucht, um mit einem auf eine einzige Sorte beschränkten Portfolio wirtschaftlich auf soliden Beinen zu stehen. Statt Mojito erwartet einen heute ein buntes Potpourri an Fruchtaromen, das den Hopfensorten Polaris, Amarillo und Citra geschuldet ist. Man stelle sich ein Pils vor, denke sich den Wohlgeruch dieses prall gefüllten Obststands vom letzten Sommer am Mittelmeer dazu und unterfüttere das Ganze mit einer Zusatzration an Herbheit – voilà! Gebraut wird der Kulttrunk, der sich richtig lässig wegsüffeln lässt, bei der Vormann Brauerei in Hagen, die etlichen Craft-Beer-Labels ohne eigene Anlage Unterschlupf gewährt.

Adresse RheinCraft, Neusser Wall 24, 50670 Köln, www.rheincraft.de | **Bierprofil** frohnatur | **Bezug** nur regional im Fachhandel, Bezugsquellen auf der Website | **Tipp** Das Kölner Taphouse Craftbeer Corner Coeln verwöhnt mit 15 internationalen Gourmetbieren vom Fass und einer fulminanten Auswahl an Flaschenabfüllungen (Martinstraße 32).

78__Dolden Sud

Vornehmster unter den Weitgereisten

Das India Pale Ale, kurz IPA, das vor Fruchtaromen nur so strotzende, knackbittere Paradebier der Craft-Beer-Szene – warum heißt es eigentlich so? Erfunden wurde es in Großbritannien. Während der Kolonialzeit. In seinem Namen steckt das helle obergärige Alltagsbier der Britischen Inseln, das Pale Ale. Dieses wollten auch die Soldaten und Beamten nicht missen, die London ins ferne Indien abkommandiert hatte. Damit sie nicht Durst leiden mussten, schickte man ihnen eine Version des geliebten Trunks, die die lange Seereise überstehen und die Hitze der Tropen aushalten konnte. Die Brauer stopften so viel Hopfen wie möglich in die Fässer, in die das Bier abgefüllt wurde, denn er erhöht die Haltbarkeit. Zudem wurde das India Pale Ale sozusagen konzentriert eingebraut, als Starkbier, damit die Schiffe mehr Ladung fassen konnten. In Indien angelangt, sollten es die Truppen verdünnen. Was sie natürlich nicht taten. Eine schöne Geschichte, von der freilich niemand sagen kann, ob sie nicht doch geflunkert ist.

Geschmacklich trägt das India Pale Ale so dick mit Aromen auf, dass sie manchem, der nur ein Bierchen für zwischendurch im Sinn hat, zu viel sind. Der Dolden Sud, das India Pale Ale des im etwas abgelegenen, romantischen Altmühltal in Bayern beheimateten Riedenburger Brauhauses, ist der vornehmste unter den wenigen Vertretern dieses Stils, die sich nicht partout in den Vordergrund spielen wollen. Bei ihm sind sowohl die exaltierten Zitrus- und Pfirsicharomen als auch die deutliche Bittere mit Honignoten unterlegt, die beiden ihre Spitzen nehmen. Wer ein IPA sucht, das sich an so ziemlich jede Gelegenheit anpasst, bei der Bier nicht nur den Durst stillen soll, wird diese Blondine lieben. India Pale Ales inszenieren ein Schauspiel im Mund. Es beginnt, wenn der erste Tropfen die Zunge erreicht, und endet erst lange nach dem Schlucken. In dieser kurzen Zeit verändert sich das Aromenprofil – Schmetterlinge, Ehe, Eifersucht – dramatisch.

Adresse Riedenburger Brauhaus, Hammerweg 5, 93339 Riedenburg, Tel. 09442/99160, www.riedenburger.de | **Bierprofil** Dolden Sud, Porter, Dunkles India Pale Ale, diverse Biere aus außergewöhnlichen Getreiden (zum Beispiel Hirse), Helles, Pils, diverse Weizen und Böcke | **Öffnungszeiten** Direktverkauf: Mo–Fr 8–17 Uhr, Sa 9–13 Uhr | **Bezug** Online-shop auf der Website, deutschlandweit im Fachhandel | **Tipp** Schmiede sollen einst ihr Bier, wenn es ihnen im Winter zu kalt war, mit einem glühenden Schürhaken aufgeheizt haben. Das lässt sich zu Hause mit einem Bierstachel aus dem Fachhandel nachspielen: Wenn man ihn über einer Flamme erhitzt und in einen dunklen Bock taucht, karamellisiert der Malzzucker im Bier, und es entsteht eine cremige, warme Schaumschicht.

79_ Dulcis 12
Kühlschrank verboten!

Mal Hand aufs Herz: Bei welcher Temperatur trinken Sie Ihr Bier? Wahrscheinlich nach der Devise: Je kälter, desto besser. Wie Millionen andere deutsche Biertrinker auch. Aber warum? Weinliebhabern ist bewusst, dass die Temperatur den Charakter und das Aroma eines Chablis, Silvaners oder Merlots deutlich beeinflusst. Auch eingefleischte Tee- und Kaffeetrinker können sich stundenlang über Brüh- und Trinktemperaturen der einzelnen Sorten unterhalten. Und wie ist es nun beim Bier?

Das sollte man je nach Sorte zwischen sechs Grad Celsius kalt und bis zu 18 Grad Celsius warm trinken. Als Faustformel gilt: Je stärker es ist, desto mehr Temperatur verträgt beziehungsweise braucht es. Das gilt auch für dunkle, malzige Biere wie Porter, Stout oder Barley Wine – genauso wie für die belgische Starkbiersorte Dubbel und das noch stärkere Triple. Diese Bierstile können die Vielfalt ihrer Aromen erst bei höheren Temperaturen zur Gänze ausspielen. Die Augsburger Brauerei Riegele empfiehlt für ihr Dubbel mit dem schönen Namen Dulcis 12 eine Trinktemperatur von 14 Grad Celsius.

Charakteristisch für ein Dubbel ist eine langsame Gärung und Nachreifung. Beim Dulcis 12 darf eine belgische Trappisthefe zwölf Monate vor sich hin arbeiten, bis sie den Zucker der Würze zu 11 % Alkohol verarbeitet hat, der von zwei Sorten Gersten- und einer Sorte Weizenmalz sowie von den bei einem Dubbel üblichen Zutaten Haferflocken, Honig und Kandis stammt. Das Ergebnis ist ein kräftiges süßes Bier mit einem samtigen Mundgefühl und einer Überfülle an Aromen von Rosinen, Karamell und Honig – vorausgesetzt, man beachtet die empfohlene Trinktemperatur.

Die Augsburger Brauerei Riegele, seit 1884 im Besitz der namengebenden Familie, macht sich bei all ihren Craft-Beer-Kreationen die Mühe, dem Durstigen eine Anleitung für den perfekten Genuss an die Hand zu geben. Leider eine Ausnahme statt die Regel.

Adresse Riegele Braumanufaktur, Frölichstraße 26, 86150 Augsburg, Tel. 0821/32090, www.riegele.de | **Bierprofil** Dulcis 12 und Bayerisch Ale 2 (Pale Ales), Amaris 50, Simco 3 (India Pale Ales), Augustus 8 und Ator 20 (Böcke), Noctus 100 (Imperial Stout), Robustus 6 (Porter), als Brauerei Riegele traditionelles Vollsortiment | **Öffnungszeiten** Braugasthaus und Direktverkauf: täglich ab 9 Uhr | **Bezug** Onlineshop auf der Website, deutschlandweit im Fachhandel | **Tipp** Ein Triple ist ebenfalls ein belgisches Trappistenbier – quasi der helle Bruder des Dubbel. Höchst empfehlenswert: die mit einer Weizenbierhefe vergorene und mit einer Champagnerhefe nachgereifte Interpretation der Braumanufaktur Schwarzwald-gold aus Vörstetten bei Freiburg im Breisgau.

80 Bitter 58

Ein Füllhorn voller Fruchtaromen

Craft Beer ist entgegen aller Verlautbarungen keineswegs das Getränk der coolen Hipster aus den coolen Metropolen. Das zeigt ein Blick auf die Karten am Ende dieses Buches. Süddeutschland führt. Und das hat seinen Grund. Dort hat der Kahlschlag der Großkonzerne am wenigsten Schaden angerichtet, haben viele alteingesessene Familienbrauereien überlebt. Seit ein paar Jahren freuen sie sich, dass ihre Kundschaft jetzt auch am Experiment interessiert ist.

Ein herausragendes Beispiel ist die Brauerei Rittmayer aus dem 4.000 Einwohner kleinen, nördlich von Nürnberg gelegenen Hallerndorf. Ihre Geschichte reicht bis ins Jahr 1422 zurück, mit jährlich 25.000 Hektolitern wirkt sie im Vergleich zu den 5,5 Millionen von Krombacher lächerlich klein, bietet aber dreimal so viele Sorten. 2012 entdeckte Braumeister und Inhaber Georg Rittmayer exzentrische Geschmackserlebnisse als neues Steckenpferd. In diesem Jahr erfand er für den Kreis seiner privaten Whisky-Freunde den »Smoky George«, ein edles Rauchbier, dessen Malz aus Schottland kam und dort eigentlich zu Hochprozentigem hätte verarbeitet werden sollen.

Erstkontakt mit Georg Rittmayers Braukunst sollte man über das »Bitter 58« aufnehmen, eines der besten India Pale Ales aus deutschen Landen. Der Clou: Es schmeckt wie das Ideal dieses Bierstils, ist aber genau besehen ein Strong Bitter, ein helles, obergäriges, stark gehopftes britisches Ale. Das hat einen großen Vorteil. Mit 5,8 % Alkohol ist es vergleichsweise leicht. Seine knackige Bittere wischt den Mundraum so trocken aus, dass man ihn rasch nachbefeuchten muss. Extrem süffig also. Mit jedem neuen Schluck ergießt sich ein Füllhorn an Fruchtaromen über die Geschmacksknospen, süße Maracuja, ein ganzer Garten voll, gekontert mit saurer Grapefruit, abgerundet mit Kandiertem. Natürlich alles streng nach Reinheitsgebot und nur durch reichlichst Hopfen erzeugt.

Adresse Brauerei Rittmayer, An der Mark 1, 91352 Hallerndorf, Tel. 09545/440940, www.rittmayer.de | **Bierprofil** Bitter 58, Bitter 42 (Extrempils), Summer 69 (Weizen-Ale), Smoky George (Rauchbier), Heller Bock (mit Grünhopfen), Weizenbock, Aischbüffel (dunkler Bock), traditionell: Landbier, Kellerbier, Märzen, Weizen, Rauchbier, Haustrunk, Handgranate (Helles), Bock (hell), Weizenbock, Winterbock | **Öffnungszeiten** Brauerei-gasthaus (Trailsdorfer Straße 4): Mi–Fr 17–23 Uhr, Sa, So 11.30–14 und 17–23 Uhr; Biergarten (Melmäcker 16): Mai–Sept. Mo–Sa ab 16 Uhr, So und feiertags ab 14 Uhr; Biergarten auf dem Kreuzberg bei Hallerndorf (www.rittmayer-keller.de): Mai–Sept. täglich ab 11 Uhr, Okt.–April So und feiertags ab 11 Uhr | **Bezug** deutschlandweit im gut sortierten Fachhandel | **Tipp** 24 Kilometer östlich von Hallerndorf liegt das Dörfchen Uehlfeld. In der dortigen Familienbrauerei Zwanzger entstehen ständig neue, nicht immer mit dem Reinheitsgebot konforme Sorten, zum Beispiel ein Honigbier.

81__Meerjungfrau
Eine Edeldame von französischem Format

Preise und Medaillen gibt es in der Brauwelt wie Sand am Ostseestrand. Irgendwo auf der Welt ist immer gerade eine Jury dabei, althergebrachte Prämierungen wie die der Deutschen Landwirtschafts-Gesellschaft (DLG), die European Beer Stars, den noch jungen Meininger Craft Beer Award und nicht zuletzt den World Beer Cup oder die World Beer Awards zu vergeben. Jeder Bierstil bildet dabei eine eigene Kategorie – vom Hellen nach Münchner Art über den Weizenbock bis zum Gluten- und Alkoholfreien. Wie ein Leichtathlet bei der Olympiade kann eine Brauerei etliche Siege auf einmal einfahren.

Mit am meisten abgeräumt hat in den letzten Jahren eine Brauerei, die dort sitzt, wo man es am wenigsten erwartet: in Rambin auf dem Urlaubseiland Rügen. Von den zwölf ständigen Sorten, die die erst 2015 gegründete Insel-Brauerei produziert, haben es 2016 bei den World Beer Awards elf aufs Siegertreppchen geschafft, darunter der »Übersee Hopfen«, er darf sich seither das weltbeste India Pale Ale (IPA) nennen. Dazu addieren sich sechs Meiniger Craft Beer Awards in Gold oder Platin.

Wer es fein und elegant mag, der sollte vor allem mit der zweifach prämierten »Meerjungfrau« anbandeln, deren graziler Körper aus Gersten- und Weizenmalz kombiniert ist und die mit Milchsäure und Champagnerhefen vergoren wird. Schenkt man sich die exotische Verführerin, die es mit zwölf Grad Celsius Trinktemperatur durchaus ein wenig wärmer mag, in einen flachen Kelch statt in ein Bierglas, könnte sie der Gaumen glatt für einen französischen Prickelwein halten. Wie Champagner erhält auch dieses Bier seinen Feinschliff durch Flaschengärung, sie ist in der Insel-Brauerei Usus. Eine Dosage aus Traubenzucker, die bei der Abfüllung beigegeben wird, stößt den zusätzlichen Reifevorgang an. Sie vergärt restlos, wodurch die Meerjungfrau ihre Idealmaße beibehält. Beeindruckend schlank – und gefährlich trotz nur 5,6 %.

Adresse Rügener Insel-Brauerei, Hauptstraße 2c, 18573 Rambin, Tel. 038306/238700, www.insel-brauerei.de | **Bierprofil** Neben der Meerjungfrau wurde auch ein zweites Sauerbier, das Seepferdchen, mit zwei Medaillen prämiert. | **Öffnungszeiten** Direktverkauf, Verkostungsmöglichkeit und Brauereibesichtigung: Mo–So 10–19 Uhr | **Bezug** über die Website, deutschlandweit im Fachhandel | **Tipp** Auch weiter westlich an der Küste wird handwerkliches, ehrliches Bier ausgeschenkt – im kleinen Stil. Die Kreationen des Ostsee-Brauhaus in Kühlungsborn sind unfiltriert, sie werden nur im eigenen Gasthaus ausgeschenkt.

82__Strandgut

Der Geschmack der rauen Stürme

Bis vor wenigen Jahren fiel dem Bierfreund beim Stichwort »Rügen« dasselbe ein wie einem Abstinenzler: Kreidefelsen. Caspar David Friedrich. Strandkörbe. Geräucherter Fisch. Dann quittierte Markus Berberich seinen Posten als Geschäftsführer der Stralsunder Braumanufaktur Störtebeker (siehe Kapitel 93), um sich jenseits der See und doch nur wenige Kilometer weiter den Traum vom eigenen Sudhaus zu erfüllen. Seit sie 2015 in Rambin den Durstigen ihre Türen öffnete, ist seine Insel-Brauerei ein Magnet, der Touristen und Einheimische gleichermaßen anzieht. Vielleicht auch deshalb, weil der diplomierte Braumeister neben exzentrischen Ales und ungewohnt anders schmeckenden Sauerbieren auch ein Schlückchen kreiert hat, das man ohne Übertreibung als die Seele der Insel lobpreisen darf.

In fernen Zeiten, als noch nicht bekannt war, dass, wer arbeitet, auch in Urlaub fahren sollte, und als das Leben der Insulaner aus einer Abfolge von Entbehrungen bestand, streunte wohl so mancher Fischer nach einem Sturm am Strand entlang, denn vielleicht ließ sich mit dem einen oder anderen Strandgut ja die Kasse aufbessern. Angespült hat die See quasi alles. Warum also nicht auch ein Whiskyfass, in seine Dauben zerschlagen. Natürlich nahm man auch sie mit nach Hause. Ihr Holz, das herrlich nach Schnaps duftete, kam in den Teekessel, um das Getränk damit zu würzen.

So muss man es sich wohl vorstellen, wenn man Berberichs dunkeloranges obergäriges Strandgut ergründen will. Die Whiskyfässer, deren Dauben er in seinen Sudkessel taucht, haben Rügen freilich mit dem Lkw erreicht. Sie werden zerhackt, die Schnipsel dann mit der Würze mit- und ihre Aromen aus dem Holz herausgekocht – im Grunde wie eine zusätzliche Hopfengabe. Das Ergebnis ist ein angenehm leicht mit Whisky und Eiche parfümiertes Bier mit Aromen von Rosinen, Karamell und Hefe sowie einer leichten Säure. Im Gegensatz zur Lagerung im vorbelegten Fass, dem üblichen Verfahren, fehlen die oft störenden Noten von alterndem Holz.

Adresse Rügener Insel-Brauerei, Hauptstraße 2c, 18573 Rambin, Tel. 038306/238700, www.insel-brauerei.de | **Bierprofil** Strandgut, Baltic Ale, Baltic Stout, Baltic Double, Baltic Triple, Übersee Hopfen (India Pale Ale), diverse Sauerbiere | **Öffnungszeiten** Direktverkauf, Verkostungsmöglichkeit und Brauereibesichtigung: Mo–So 10–19 Uhr | **Bezug** über die Website, deutschlandweit im Fachhandel | **Tipp** Bei Lübeck liegt das Hafenstädtchen Neustadt in Holstein. Dort wird in Klüvers Manufaktur nicht nur selbst geräucherter Fisch aufgetischt, auch die ausgeschenkten Biere sind hausgebraut.

83___Honey Pepper Ale

Bitte, bitte nicht heiß machen!

Es ist ein sich ewig wiederholendes Ritual: Die Temperaturen sinken, die Tage werden kürzer, die Blätter färben sich braun – und die Nasen rot. Grippewelle. Der Herbst ist da und mit ihm die Frage, welches Hausmittel welche Symptome lindert. Heißes Bier mit Honig zum Beispiel, so die Weisheit der Großmütter, tötet Bakterien ab und spült sie aus dem Körper, denn wer es trinkt, badet in Schweiß. Ob es wirklich hilft, darüber streiten die Gelehrten. Sicher ist nur eines: Es schmeckt so scheußlich, dass man unweigerlich zusammenzuckt, wenn die Worte Honig und Bier in einem Atemzug genannt werden.

Dabei haben Biere, die aus Gründen des Genusses mit Honig gebraut werden, in Europa eine lange Tradition. Die alten Germanen mochten es süß. Bei einem schottischen Bierstil, dem dort im Mittelalter typischen Braggot, das mit jungen Tannentrieben und mit Kräutern gewürzt wurde, landeten Honig und Malz nicht selten zu gleichen Teilen im Kessel. Und nicht nur in belgischen, sondern auch in deutschen Klöstern schätzte man Honig als natürliches Konservierungsmittel und zusätzlichen Stärkelieferanten – auf dass das Bier kräftiger werde und sich länger halte. Dann kam das Jahr 1516 und mit ihm das Verbot von tradierten Rezepten, das Reinheitsgebot.

Wenn Tobias Palmer, Inhaber des Craft-Beer-Fachgeschäfts Ruhrpottbrewery und Braumeister der gleichnamigen Biere, bei seinem Honey Pepper Ale auf das Reinheitsgebot pfeift und die Kreation mit Waldhonig aufpeppt, ist das also gar nicht so modern. Weil bei ihm auch eine Schippe Szechuanpfeffer auf der Zutatenliste steht, hat sie obendrein Feuer – aber ohne deshalb gleich scharf zu sein. Und keine Sorge: Trotz des Honigs ist das Honey Pepper Ale überhaupt nicht süß.

Bitte aber nicht bei einer Erkältung trinken – das wäre Verschwendung, denn dann haben die Geschmacksknospen ein echtes Handicap – und auf keinen Fall heiß machen.

Adresse Ruhrpottbrewery, Postweg 29, 46145 Oberhausen, Tel. 0208/41199346, www.ruhrpottbrew.de | **Bierprofil** Honey Pepper Ale, Pils, Scottish Ale | **Öffnungszeiten** Craft-Beer-Shop: Di–Fr 10–19 Uhr, Sa 10–15 Uhr | **Bezug** deutschlandweit im Fachhandel | **Tipp** In Kassel haben sich die Stadt-Imker Michael Busse und Michael Hertweck und der Braumeister Sascha Nicolai zu craftBee zusammengeschlossen, ihr helles und ihr dunkles Honigbier sind beide preisgekrönt.

84_Marlene
Wo die Diva sauer wird

Jeder kennt ihren Namen, doch kaum ein Otto Normalgenießer hat sie je im Mund gehabt: die – nicht mit einem ordinären Weizen aus der Hauptstadt zu verwechselnde! – Berliner Weiße. Nur mit Himbeer- oder Waldmeistersirup sei sie zu ertragen, so eines der Vorurteile, das diesen seit dem 17. Jahrhundert nachweisbaren, bis zum Siegeszug des Pils extrem beliebten, nicht mit dem Reinheitsgebot konformen Bierstil beinahe aussterben ließ.

Die Berliner Weiße schmeckt nicht nur sauer, man muss sie einfach richtig brauen. Was in ihrem Fall bedeutet, dass man sie nicht nur mit ordinärer obergäriger Hefe und – Besonderheit! – mit Milchsäure vergärt. Anspruchsvolle Braumeister wie Ulrike Genz vollenden das Getränk, indem sie es zusätzlich mit der Hefespezies Brettanomyces impfen, die in freier Wildbahn auf den Schalen von Früchten lebt.

Mit ihrer 2016 gegründeten Brauerei Schneeeule hat Ulrike Genz die Craft-Beer-Festivals im Sturm erobert. Denn beim Rezept für ihre Berliner Weiße hat sie sich an historische Vorbilder gehalten. Die Brettanomyces hat sie sich extra in England besorgt, sie soll eine Urenkelin der klassischen Berliner-Weiße-Hefen sein.

»Marlene«, so heißt Genz' Reminiszenz an die goldenen Zeiten der Stadt und ihren Filmstar, die Dietrich. Wie es sich für eine Diva gehört, trinkt man das 3 % Alkohol leichte Prickelbier aus Champagnerkelchen. Ein idealer Durstlöscher für den Sommer, bei dem die typische zitronig-fruchtige Säuerlichkeit eben nicht alles dominiert. Wem der UFA-Star dennoch zu spröde ist: Finger weg vom Sirup! Die Schneeeule braut auch Varianten für all jene, die sich weniger nah am Original erfrischen wollen. Zu nennen wären der länger gelagerte Harry – nach Harald Juhnke –, der deutlich hopfenaromatischere Kennedy und die Jasmin, die dank der namengebenden Zutat und Holunderblüten ins Lieblich-Blumige hin aromatisiert ist.

Adresse Schneeeule Berlin, Edinburger Straße 59, 13349 Berlin, Tel. 0176/23229335, www.schneeeule.berlin | **Bierprofil** echte Berliner Weiße und Berliner-Weiße-Varianten | **Bezug** deutschlandweit im Fachhandel | **Tipp** Jedes Frühjahr veranstaltet die Berlin Beer Academy den Berliner-Weiße-Gipfel, eine Publikumsmesse für Brauereien, die sich der Renaissance des lokalen Bierstils verschrieben haben.

85__Tap-X-Serie
Weizenbiere in Vollendung

Bayern ist gespickt mit Sudstätten, die seit Urzeiten in Betrieb sind. Das Weisse Bräuhaus der Familie Schneider aus dem Donaustädtchen Kelheim, besser bekannt als Produktionsort der Schneider Weisse, ist eine von ihnen. Herzog Maximilian I., der sein fast bankrottes Land mit dem Monopol auf Weizenbier sanieren wollte – was ihm gelang –, hatte es 1607 höchstselbst gegründet. 1928 kam es in den Besitz jener Dynastie, der 1872 als erster nicht adeliger Familie das Recht gewährt worden war, die obergärige Leckerei herzustellen, und die ihre Stammhalter seither auf den Namen Georg taufen lässt. Geballte Tradition. Reicht das nicht?

Schon weil sich der Bierkonsum in einem anhaltenden Sinkflug befindet, hat Weißbierkünstler Georg VI. Schneider entschieden, dass die Zukunft seines Hauses nicht allein vom Ausstoß abhängen darf. Als einer der ersten deutschen Brauer ließ er die Reifung im Holzfass wiederauferstehen. 2011 baute er seinen Eisbock »Unser Aventinus« acht Monate in Rotweinfässern aus und bot ihn als Cuvée Barrique in Champagnerflaschen an. Seither lotet man unter dem Label »Tap X« aus, was sich geschmacklich so alles mit einem Weißbier machen lässt – natürlich immer im Rahmen des Reinheitsgebots.

Und das ist so einiges! Das ins Stammsortiment eingegangene Tap 5, die Sommerweisse, wird auch während der Reifephase mit Hopfen veredelt. Das erklärt die feinen, erfrischenden Zitrusaromen. Oder das geniale »Mein Nelson Sauvin«, mit 7,3 % ebenfalls ein Weizenbock, dessen eigenwillige Fruchtigkeit an Weißwein erinnert. Sie entsteht durch eine großzügige Gabe der namengebenden neuseeländischen Hopfensorte Nelson Sauvin. »Marie's Rendezvous« ist eine Hommage an Anna-Maria Schneider, die Gattin des Brauereigründers Georg I., und den für Bayern so typischen überbordenden Barock, sie strotzt nur so vor Fruchtaromen. Umwerfend. Auch wegen der 10 % Alkohol. Fortsetzung folgt.

Adresse Schneider Weisse, Emil-Ott-Straße 1–5, 93309 Kelheim, Tel. 09441/7050, www.schneider-weisse.de | **Bierprofil** Tap-X-Serie unregelmäßig fortgesetzt beziehungsweise nachgebraut; traditionelle Sorten unter anderem Original (helles Weizen), Kristallweizen, Weizen-Eisbock | **Öffnungszeiten** Brauereiführung: Di und Do 14 Uhr, Jan.–April nur Do; Braugasthaus in Kelheim (Emil-Ott-Straße 3): täglich ab 10 Uhr, Jan.–April Mo, Di geschlossen; Braugasthäuser in München: Innenstadt (Im Tal 7) täglich ab 8 Uhr, Stadtteil Berg am Laim (Baumkirchner Straße 5) täglich ab 10 Uhr | **Bezug** Onlineshop sowie Übersicht der Ausschankorte und Verkaufsstellen auf der Website, deutschlandweit im Getränkehandel | **Tipp** Von Kelheim kann man mit dem Ausflugsboot auf der Donau zur nahen, seit 1050 urkundlich belegten Klosterbrauerei Weltenburg mit Traditionsgasthaus und Biergarten schippern. Bayern pur.

86__Imperial Stout
Wo ein Ami die Lederhosen anhat

Dort, wo Bayern derart typisch ist, dass die Landschaft und ihre Menschen wohl ursprünglich für ein Bilderbuch vorgesehen waren, der Herrgott sie dann aber doch Realität werden ließ, liegt Schönram. Seit 1780 bilden die Brauerei und der Braugasthof der Familie Oberlindober das Herz des Bauerndörfchens, dazu kommt eine Kapelle, umringt von nur einer Handvoll Höfe und Häuser. Man kann sich gut vorstellen, dass am Stammtisch Böses gesprochen wurde, als 1998 ein US-Amerikaner zum Braumeister berufen wurde. Aber Eric Toft wusste, wie man den Burschen den Schneid abkauft.

Aufgewachsen ist Eric Toft in Wyoming. Da ihm die Perspektiven, die ihm sein erstes Studium boten – Geophysik –, nicht behagten, zog er nach Deutschland, um dort sein Hobby zum Beruf zu machen. Nach Praktika in diversen Sudhäusern schrieb er sich Anfang der 1990er an der renommiertesten deutschen Hochschule für Brauwesen in Weihenstephan bei München ein. Das Diplom in der Tasche, ging er nach Belgien. Aber dort war ihm die Landschaft zu flach. In Schönram angekommen, zog er eine Lederhose an und konzentrierte sich zunächst auf das bestehende Sortiment, fügte ein traditionelles Festbier und ein Weizen hinzu. 2009 schob er den Stammtischbrüdern erstmals eines jener andersartigen Biere unter, die für die Craft-Kultstätten seiner Heimat typisch sind.

Toft braut ausschließlich nach dem Reinheitsgebot. Das gilt auch für sein Imperial, sein hochprozentiges Stout, das die Marke Schönramer deutschlandweit zu einer Berühmtheit gemacht hat. Dörrfrüchte, Zwetschgen und Bitterschokolade stapeln sich vom ersten Schluck an im Mundraum, lassen keinen Millimeter ungenutzt – und sind immer noch da, wenn die Zunge längst wieder trocken ist. Ein klassisches Stout enthält immer auch eine Schippe rohes, also unvermälztes und damit verbotenes Getreide. Tofts Version kommt ganz wunderbar ohne aus.

Adresse Private Landbrauerei Schönram, Salzburger Straße 17, 83367 Petting-Schönram, Tel. 08686/98800, www.brauerei-schoenram.de | **Bierprofil** Imperial Stout, Pale Ale, India Pale Ale, Saphir-Bock, nass gehopftes Pils; traditionell: Helles, Pils, Märzen, Leichtbier, Dunkles, Weizen, Festbier | **Öffnungszeiten** Brauereigasthaus Bräustüberl (Salzburger Straße 10): täglich außer Mi ab 9 Uhr | **Bezug** Onlineshop auf der Website, deutschland-weit im Fachhandel | **Tipp** Das Schönramer Imperial Stout hat satte 9,5 % Alkohol. Bei Bieren dieses Kalibers (ab etwa 7,5 %) lohnt es sich, sie wie Wein über Jahre im Keller einzulagern, denn sie reifen nach und werden immer geschmeidiger. Das Haltbarkeits-datum einfach ignorieren!

87 Grüner wird's nicht

Frisch vom Feld in den Mund

Der Hopfen, das Gewürz des Bieres, wird im März auf Feldern gepflanzt, in die bis zu sieben Meter hohe Pfähle gerammt sind – Rankhilfen, an denen sich das Kraut zehn Zentimeter am Tag emporzieht. Bevor seine Ähren, die im September von schier endlos langen Stängeln gezupft werden, in den Sudkessel dürfen, werden sie aufbereitet. Eher selten greifen Brauer zu getrockneten, ganzen Dolden. Auch bei Craft-Beer-Manufakturen am weitesten verbreitet sind Pellets, bei denen die Ernte gemahlen und zu Pillen gepresst wird. Beim Hopfenextrakt, der 1968 für mit dem Reinheitsgebot konform erklärt wurde und von Craft-Brauern abgelehnt wird, werden die Inhaltsstoffe mit Alkohol aus den Dolden gelöst.

Thorsten Schoppe, Urgestein der Berliner Craft-Beer-Szene, hat mit seinem »Grüner wird's nicht« einen Erntedank-Ritus eingeführt, dem mittlerweile Dutzende Kollegen folgen. Jedes Jahr im Herbst setzt er sich ins Auto. Sein Fahrtziel: das nördlich von München gelegene Anbaugebiet Hallertau, in dem 34 Prozent der weltweiten Hopfenernte eingefahren werden. Fünfeinhalb Stunden später reißt er mit einem Landwirt Stauden von einem Rankgerüst. Welche Sorte? Das wechselt. Ein Händeschütteln – und schon ist er wieder auf der Autobahn. Währenddessen hat zu Hause in Schoppes Brauerei am Pfefferberg ein Azubi eingemaischt. Sobald sein Meister eintrifft, können sie das Grün in die Würze werfen. 50 Kilo. Mitsamt Stielen, Spindeln und Deckblättern. Der Grünhopfen, der eine Stunde mitkocht, füllt den Läuterbottich bis zur Hälfte. Ein konventionelles Sudhaus würde da zusammenbrechen.

Mit seinem 6 % Alkohol starken, auf dem obergärigen Bierstil India Pale Ale basierenden »Grüner wird's nicht« hat Thorsten Schoppe Dutzende Craft-Beer-Künstler dazu inspiriert, einmal im Jahr ebenfalls mit frischem Hopfen zu experimentieren. Nass gehopfte Biere sind mit dem Aroma von frisch gemähtem Gras gesegnet und krass herb.

Adresse Schoppe Bräu, In den Schifferbergen 14, 13505 Berlin, Tel. 0176/43421986, www.schoppebraeu.de | **Bierprofil** gut ein Dutzend vorwiegend dem Hopfen und der US-Craft-Beer-Kultur huldigende, wechselnde Sorten, separates Bio-Label Bär Craft Beer | **Öffnungszeiten** siehe Kapitel 88 | **Bezug** Ausschankorte und Verkaufsstellen auf der Website, deutschlandweit im Fachhandel | **Tipp** Das zweitgrößte deutsche Hopfenanbaugebiet liegt ebenfalls in Bayern – südlich von Nürnberg um das Städtchen Spalt herum, in dem das Erlebnismuseum Hopfenbiergut auch zu Braukursen und Bierseminaren einlädt.

88_XPA

Schwarzer Block, wir trinken dich

Kreuzberg, legendäres Versuchslabor für Nonkonformismus, Exzentrik und Multikulti. Eine alte Dame, der es zu gönnen ist, dass sie jetzt gemächlicher in den Tag hineinlebt als die In-Quartiere Neukölln und Friedrichshain. Thorsten Schoppe, einer der dienstältesten Craft-Beer-Künstler der Hauptstadt, hat dem längst gezähmten Schmelztiegel der Polit-Anarchos, Punks und Integrationsverweigerer mit türkischen Wurzeln ein kompromisslos radikales Bier gewidmet: das XPA, das X-berg Pale Ale. Mit 70 Bittereinheiten – ein gut herbes Pils liegt bei etwas mehr als der Hälfte – ist dieses India Pale Ale wahrlich kein Stoff für Einsteiger.

Schoppe hat das Brauen von der Pike auf gelernt. In einem jener Hightech-Großsudhäuser, in denen man nur noch auf dem Bildschirm sehen kann, wie Wasser, Malz und Hopfen allmählich zu Bier werden. Weil er die Zutaten in der Hand halten, riechen und den Prozess ihrer Verwandlung körperlich erfahren wollte, setzte er abends mit Freunden seine eigenen Sude an. Zu Hause in der Küche. Da er sich nicht vorstellen konnte, den magischen Moment, in dem der Hopfen in die Würze fällt, sein Arbeitsleben lang nur vom Computer aus zu steuern, gründete er 2001 seine eigene Biermanufaktur Schoppe Bräu.

Schoppe ist bekennender Hopfen-Freak. Für das 7 % starke XPA fährt er nicht weniger als fünf Sorten auf: Perle, Cascade, Chinook, Simcoe und Amarillo. Gemeinsam inszenieren sie einen Karneval der Fruchtaromen, der – Kreuzberg, 1. Mai, die Nacht beginnt – in Krawall mündet: Die massive Bittere stürmt den Mundraum, übernimmt die Kontrolle, dreht die Geschmacksknospen rücksichtslos auf links.

2013 verlegte Schoppe seinen Hauptsitz auf das Areal der nach dem Zweiten Weltkrieg geschlossenen Brauerei auf dem Pfefferberg im Prenzlauer Berg, das Kreuzberger Stammhaus firmiert heute unter dem Namen Brauhaus Südstern, das neue Braugasthaus heißt Pfefferbräu.

Adresse Schoppe Bräu, In den Schifferbergen 14, 13505 Berlin, Tel. 0176/43421986, www.schoppebraeu.de | **Bierprofil** Brauhaus Südstern: Helles, Dunkles, Weizen, wechselnde ausgefallene Sondersude; Pfefferbräu: Helles, Pils, Pale Ale | **Öffnungszeiten** Brauhaus Südstern (Hasenheide 69, Tel. 030/69001624, www.brauhaus-suedstern.de): Mo–Fr ab 17 Uhr, Sa ab 14 Uhr, So ab 12 Uhr; Pfefferbräu (Schönhauser Allee 176, Tel. 030/4737736240, www.pfefferbraeu.de): Di–Do ab 16 Uhr, Fr ab 15 Uhr, Sa, So ab 12 Uhr | **Bezug** Ausschankorte und Verkaufsstellen auf der Website, deutschlandweit im Fachhandel | **Tipp** In Berlin-Mitte, in der Torstraße 102, betreibt die dänische Craft-Beer-Brauerei Mikkeller – eine der besten der Welt – einen Brewpub.

89__Schorschbock

Nur ein Schnapsgläschen voll erlaubt

Craft Biere sind gefährlich. Für den Führerschein. Sorten wie das Double Imperial Pale Ale (IPA), das Imperial Stout oder der Barley Wine greifen nach der 10-%-Marke oder liegen mit 13 % Alkohol locker darüber. Damit schlagen sie doppelt bis dreimal so heftig ein wie das gepflegte Alltagspils.

Georg Tscheuschner – auf Süddeutsch: der Schorsch – können die Schnellberauscher dennoch nur ein müdes Lächeln entlocken. Seine Kreationen fangen bei 13 % Alkohol überhaupt erst an. 1996, als der Begriff »Craft« noch ein selten gebrauchtes Attribut für Gebasteltes aus Ton oder Holz war, eröffnete er im an handwerklich gebrautem Bier nun wirklich nicht armen Franken eine kleine und feine Brauerei. Im Dörfchen Oberasbach, knapp 60 Kilometer südlich von Nürnberg, dessen gerade einmal 270 Einwohner ihm seine wider den Markt gebürsteten Unfiltrierten freilich nicht wegzutrinken vermochten. Der Schorsch sattelte um, schloss sein Wirtshaus und verschrieb sich der Vision, die stärksten Biere der Welt herzustellen. 57 % hat sein Meisterstück – Weltrekord! –, es kostet 200 Euro und sollte sachte aus einem Sherryglas genippt werden, damit man sich am Morgen danach daran erinnern kann, wie köstlich es geschmeckt hat. Die »normalen« des Schorschbräu liegen zwischen 13 und 43 %.

Zum Kennenlernen empfiehlt sich ein Bier aus dem Mittelfeld, der 34 %ige Schorschbock, der sieben Monate im Fass aus amerikanischer Weißeiche reifen durfte und intensiv nach getrockneten Früchten und Rosinen mundet – die Holzdauben runden das Gaumenerlebnis durch tiefe Holz- und Bourbonnoten ab.

Wie der Schorsch so viel Alkohol ins Bier bekommt, ist übrigens kein Geheimnis. Erst braut er einen sehr starken Bock. Dieser wird durch Eisreifung, bei der Wasser ausgefroren wird, und – wie beim Whisky – durch lange Lagerung im Fass getrimmt. Keine Chemie. Keine Tricks. Alles streng nach dem Reinheitsgebot.

Adresse Schorschbräu, Richard-Stücklen-Straße 7, 91710 Gunzenhausen-Oberasbach, Tel. 09831/883250, www.schorschbraeu.de | **Bierprofil** diverse Eisböcke und Schorsch-böcke, basierend auf untergärigen und obergärigen Böcken, in verschiedenen Stärken und Fassausbau-Varianten | **Bezug** über die Website, deutschlandweit im Fachhandel | **Tipp** Im nahen, bereits bayerisch-schwäbischen Alerheim entstehen die Kreativbiere von KRAVT. Diese Braumanufaktur ist nur wenig bekannt. Sie bietet Gaststätten an, für sie Pale Ales und Co. exklusiv zu branden, und tritt kaum selbst in Erscheinung.

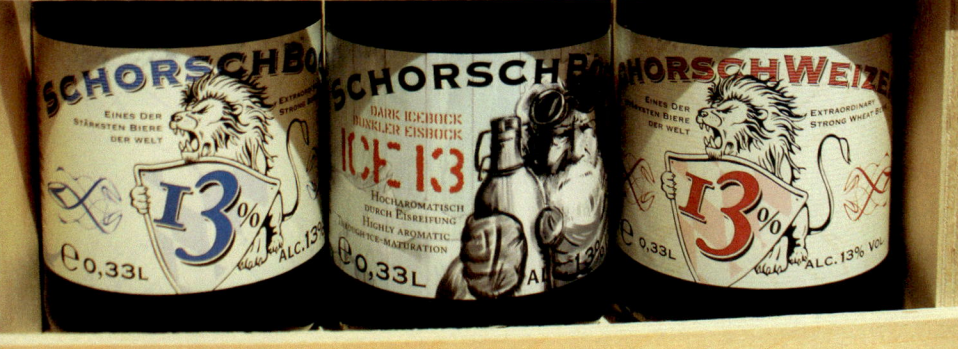

90__Red Oat Ale

Viel zu schade fürs Pferd

Pils neben Pils – und im nächsten Gang noch einmal ein Pils. Discounter sind beim Bier arg einseitig bestückt. Ein Blick in die Region mit der höchsten Brauereidichte, den Norden Bayerns, liefert einen ganz anderen Eindruck. Deutschland ist auch heute, was es immer war: das Land der vielen Bierstile. Allein in Franken produzieren gut 270 Sudstätten weit über 2.000 verschiedene Sorten.

Beschränkt ist hingegen die Anzahl der Getreidesorten, auf denen die flüssige Vielfalt basiert. Das hat historische Gründe. Hafer zum Beispiel brauchte man als Viehfutter. Als ab dem 14. Jahrhundert regionale »Reinheitsgebote« Usus wurden, war das bis dahin weitverbreitete Haferbier zum Aussterben verurteilt.

Anders im angelsächsischen Raum. Dort ist das Oat-Ale – Hafer-Ale – heute noch gängig. Und von dort hat sich das Spent Brewers Collective das Rezept für eine kupferfarbige Variante nach Berlin geholt und die rotbraune Britin mit dem Klassiker der US-amerikanischen Craft Biere, dem Westcoast India Pale Ale, verschmolzen. Wenn man das Red Oat Ale im Glas hat, fragt man sich, was Deutschland durch das Reinheitsgebot noch alles verloren ging. Die Nase freut sich über ein harmonisches Miteinander von Litschi- und Quittennoten und einem deutlichen Hafer- und Hefearoma. Und wie liegt es auf der Zunge? Samtweich. Limette, Orange und tropische Früchte füllen den Mundraum. Einfach nur genial! Gibt man dem Bier ein wenig Temperatur, gewinnt der Malzkörper an Gewicht.

Biersorten, die im Lauf der Geschichte verschwunden sind, auf dem glutenfreien Amarant basieren oder die von der Industrie verkrüppelt wurden wie das Pils, sind ein Markenzeichen des 2013 gegründeten Spent Brewers Collective. Zweite Besonderheit ist das Bekenntnis zu Anarchismus und alternativer Ökonomie. Es gibt keinen Boss, dafür gleichen Lohn für alle, der Gewinn wird an politische und soziale Projekte ausgeschüttet.

Adresse Spent Brewers Collective, Voigtstraße 36, 10247 Berlin, Tel. 0176/43642993, www.spentcollective.de | **Bierprofil** Red Oat Ale, Bloom's Beer (Amarant-Bier), Pilsz (tschechisches Pils), Gruitbier, wechselnde Sondersude | **Öffnungszeiten** Direktverkauf in der Lagerhalle (Rollbergstraße 26): Di 15–18 Uhr, Fr 16–19 Uhr | **Bezug** Liste mit Ausschankorten und Verkaufsstellen auf der Website, deutschlandweit im Fachhandel | **Tipp** Das Klapperbräu aus dem schleswig-holsteinischen Dörfchen Bergenhusen hat ebenfalls ein Haferbier im Programm.

91 Endspiel

Können kennt keine Grenzen

In der globalisierten Welt hängt bekanntlich alles mit allem zusammen. Zum Beispiel der Durst der Inder mit dem Onlinedienst Skype und den Glückshormonen, die beim Öffnen einer Flasche Endspiel ausgeschüttet werden, einem 9,5 % starken Vertreter des kaum bekannten Bierstils Barley Wine. Die flüssige Leckerei, die mancher Laie für einen Sherry halten wird, ist eine gemeinsame Kreation des Labels St. Erhard aus dem fränkischen Bamberg und der Mikrobrauerei Lehe aus Estland. Barley Wine – Gerstenwein – wurde vor 200 Jahren tatsächlich als Alternative zu Dessertweinen erfunden.

Das Label St. Erhard geht auf ein Auslandssemester von Christian Klemenz in Ahmedabad zurück, der fünftgrößten Stadt Indiens. Aus der Idee, die dortige Bierkultur aufzurollen, formte er die Eigenmarke von Deutschlands führender Ladenkette für Gourmetbier, der Bierothek. Anfang 2016 lernte Klemenz den estnischen Programmierer Tarmo Tali kennen. Der wiederum hatte sich von seinem Arbeitgeber Skype wegrationalisieren lassen, um mit seiner Frau Gristel in Keila, einem Städtchen westlich von Tallinn, Bier zu brauen. Per E-Mail, nicht per Skype, bastelte man an der Rezeptur eines Collaboration Brew, einer gemeinsamen Kreation. Tali berichtete von einem Gärtner, der als Erster überhaupt in Estland Hopfen anbaute. Als die Dolden erntereif waren, flogen Klemenz und sein Kompagnon, der Braurebell David Hertl (siehe Kapitel 19), ins Baltikum. Die magere Ausbeute kam frisch gezupft in den Sud.

Dass der Hopfen nicht gut gediehen war: ein unwichtiges Detail. Denn die typische Sherry-Aromatik eines Barley Wines basiert auf Gerstenmalz und der Vergärung mit Weinhefen. Aufgrund des hohen Alkoholgehalts will man diesen Bierstil normalerweise nur nippen. Das Endspiel aber rinnt sanft und weich, schmeichelt der Kehle. Gebraut werden kann es nur einmal im Jahr: zur Hopfenerntezeit.

Adresse St. Erhard, Hafenstraße 13, 96052 Bamberg, Tel. 951/30178389, www.st-erhard.com, www.lehepruulikoda.ee | **Bierprofil** St. Erhard: Endspiel, Original (Kellerbier), Saison, Farmer (Farmhouse India Pale Ale); Lehe: rund 25 Craft-Beer-Sorten | **Bezug** über den Onlineshop und die Filialen der Bierothek (www.bierothek.de) | **Tipp** Ebenfalls in Bamberg zu Hause ist der Weyermann, ein Weltmarktführer für Braumalze, der nebenbei ausgefallene Biere braut, darunter einen Barley Wine. Verkosten kann man ihn im unscheinbaren, aber legendären Café Abseits, einer Craft-Beer-Kneipe der ersten Stunde.

92 Ruination Ale

Greg kocht auch nur mit Wasser

Sie schlug 2014 ein wie eine Bombe. Die Nachricht, dass sie kommt. Nach Berlin. Die Stone Brewing Company, die Greg Koch, der Messias des handwerklichen Bieres und Prototyp aller Hipster, mit Steve Wagner 1996 in San Marcos, Kalifornien, gegründet hatte. Angst kam auf, dass der Gigant aus den USA, der mit gut 300.000 Hektolitern im Jahr mit dem Münchner Hofbräu auf Augenhöhe steht, alle anderen die Spree hinunterspült. Der Grund: die Zahlen, die Koch für seine Dependance im alten Gaswerk im Stadtteil Mariendorf ansetzte. 25 Millionen Dollar für eine 100-Hektoliter-Brauanlage und eine Erlebniswelt für 1.200 Gäste. Seit September 2016 fließen sie in der luftig-futuristischen Edelarchitekturhalle in rauen Mengen aus dem Hahn: rund 30 Eigenkreationen, gebraut im top durchgestylten Sudhaus vor Ort oder in der Homebase USA.

In den Tanks von Stone Berlin reift der Geschmack jener USA, die in den 1980ern genug von ihren Großkonzernen hatten und die Craft-Beer-Revolution ins Rollen brachten. Stone braut knallhart. Ohne Gnade für die Geschmacksknospen. Eine Philosophie, die das Ruination Ale – Zerstörungs-Bier – auf den Punkt bringt. Das 8,5 % starke West Coast India Pale Ale wird mit fünf Sorten Hopfen gebraut beziehungsweise in der Reifephase veredelt. Man badet nicht in Aromen, man unternimmt einen Ganzkörpertauchgang durch ein 100-Meter-Becken, das bis zum Rand mit vollreifen Früchten – vorwiegend von Zitrusbäumen – gefüllt ist.

Dem nicht genug. Die Bitterkeit. Sie wird beim Bier in der Einheit IBU gemessen. Ein deutsches Dunkles hat um die 18, ein Pils um die 35, die knackigsten Kreationen deutscher Craft-Brauer liegen bei 75. Viel mehr als 110 IBU sind brautechnisch nicht möglich. Das Ruination Ale legt uns über 100 auf die Zunge. Leider nur Bronze gab es dafür beim World Beer Award 2006 – und alle wussten: Greg kocht auch nur mit Wasser. 2017 dann endlich eine Goldmedaille …

Adresse Stone Brewing Berlin, Im Marienpark 23, 12107 Berlin, Tel: 030/212343100, www.stonebrewing.eu | **Bierprofil** diverse India Pale Ales, die teils durch Lagerung in vorbelegten Holzfässern weiterveredelt werden, Imperial Stouts, Berliner Weiße, Barley Wine, Sondersude | **Öffnungszeiten** Restaurant, Bar und Biergarten: täglich ab 12 Uhr; Brauereiführung: Mo – Fr 17.30 und 18.30 Uhr, Sa, So 13, 14, 17 und 18 Uhr (wechselnd deutsch oder englisch) | **Bezug** Ausschankorte und Verkaufsstellen auf der Website, deutschlandweit im Fachhandel | **Tipp** Wer ein stylishes Ambiente mag, dabei aber nicht auf eine familiäre Atmosphäre verzichten will, sollte den Kreuzberger »BierLaden« ausprobieren, eine Kombination aus Craft-Beer-Bar und Shop (Kreuzbergstraße 78).

93 Atlantik-Ale

Auferstanden aus Ruinen

Das Fernweh zieht ja jeden an einen anderen Ort. Dieser träumt sich in den warmen Süden, jener besteigt den Himalaya. Und immer mehr von uns denken beim Thema Urlaub an die Strandkörbe der Ostsee.

Mit Sommerfrischlern hat jene Küstenbrauerei viel Erfahrung, der es mit als erster gelungen ist, die britischen Bierstile Ale und Porter deutschlandweit gleich im ganzen Kasten zu platzieren. Als »Stralsunder Vereinsbrauerei« wurde sie 1827 gegründet. Zu Kaisers Zeiten erfüllte sie ihre Aufgabe mit Bravour: das großbürgliche Klientel der Ostseebäder trunken vor Glück zu machen. In den DDR-Jahrzehnten hingegen soll ihr volkseigenes Nass nur noch proletarisch geschmeckt haben. Es heißt, dass seine Campingplatz-Parzelle für den nächsten Sommer sichern konnte, wer dem Genossen Platzwart Thüringer Gerstensaft mitzubringen versprach. »Störtebeker Braumanufaktur« heißt der 1991 von einem Niedersachsen, Jürgen Nordmann, neu auf Kurs gebrachte Sudbetrieb heute. Er produziert jährlich 180.000 Hektoliter – für eine Craft-Beer-Brauerei sagenhaft – und heimst bei Bierwettbewerben zuverlässig Gold und Silber ein.

Klaus Störtebeker, so hieß ein Pirat und Ostsee-Robin-Hood, der im 14. Jahrhundert die Reichen das Fürchten lehrte. Jetzt ist er wieder da!

Beide, Traditionalisten und Craft-Beer-Freaks, dürfen darauf setzen, dass er, der Seeräuber, uns raushauen wird aus der Misere der zu Tode filtrierten Einheitsgeschmacksbiere aus der Fernsehwerbung. Erstere lieben das naturtrübe Lager »1402«, die Craft-Beer-Freaks das Atlantik-Ale, ein fein-fruchtiges, intensiv-herbes, stilechtes englisches Blondes. Sicher, mit dem karamellig-cremigen Hanse-Porter, dem torfig-rauchigen Scotch-Ale und dem fast 10 % Alkohol starken Eisbock Arktik-Ale gäbe es auch deutlich ausdrucksstärkere Kreationen. Aber keine von ihnen vermag die tagtägliche Sehnsucht nach der Ostsee besser zu stillen.

Adresse Störtebeker Braumanufaktur, Greifswalder Chaussee 84–85, 18439 Stralsund, Tel. 03831/2550, www.stoertebeker.com | **Bierprofil** Atlantic-Ale, Baltic-Ale, Porter, Kellerbier, Lager, Pils, Dunkles, Weizen, Bock, Glühbier, vier Eisböcke | **Öffnungszeiten** Braugasthaus: täglich ab 11 Uhr, Brauereishop: Mo–Fr 9–19 Uhr (Juli–Sept. bis 20 Uhr), Sa 9–18 Uhr; täglich nach Jahreszeit bis zu drei Brauereiführungen (11, 14, 17 Uhr) | **Bezug** Onlineshop auf der Website, deutschlandweit in Getränkehandlungen und großen Supermärkten | **Tipp** Deutlich kleiner ist die Ostseebrauerei Hoppen un Molt in Warnemünde. Der stilechteste Platz, ihre diversen Ales zu genießen, ist die Kneipe Klönstuv am Ostende der Warnemünder Seepromenade.

94_Little Bichos

Eine andere Welt ist möglich

Wenn der Manager eines Biermultis lächelnd vor die Presse tritt und die Wörter »international« und »Kooperation« kombiniert, dann weiß man: Wieder einmal hat ein Hai eine regionale Brauerei geschluckt, um sich neue Fanggebiete zu sichern. Im Bierbusiness ist man nicht nett zueinander. Fressen oder gefressen werden.

In der Craft-Beer-Welt schließt man sich lieber zusammen und kreiert gemeinsam ein Bier – über Ländergrenzen hinweg. Ein Beispiel, das die Zunge sinnlich schnalzen lässt, ist ein ölig-viskoses, 7% starkes Schwerkaliber mit dem neckischen Namen Little Bichos – Krabbeltierchen – und der Typenbezeichnung Baltic Porter Oak Aged. Seine Zutaten spiegeln die Eigenheiten der Regionen wider, in denen die beteiligten Biermanufakturen zu Hause sind. Deutsches Malz und die Frucht des Schlehenstrauchs repräsentierten das Straßenbräu, das die Gäste seines Brewpubs im Berliner Bezirk Friedrichshain seit 2015 an Verwegenes gewöhnt.

»Matteo & Bernabé and Friends« haben sich dem Ziel verschrieben, ihre Heimat, die Weinregion La Rioja, zum Bier zu bekehren. »GaragArt« verwöhnt seit 2014 die Bewohner von Vitoria, der Hauptstadt des Baskenlandes, mit Flüssigkeiten im US-Style. Ihre Kultur dominiert die Zutatenliste: Datteln und als zweites Erbe der Kolonialzeit dunkler Muscovado-Zucker von der Insel Mauritius, dazu spanischer Hopfen und ein Eichenfass, um zarte Holzaromen einzubringen.

Und was meint der Gaumen zur Vergärung dieses multinationalen Warenkorbes? »Das Bier ist lecker. Richtig lecker«, schwärmt der Kosmopolit der deutschen Berufstrinker, Volker Quante, auf seinem unbedingt empfehlenswerten Blog »Brunnenbräu«. »Ohne es ausdrücklich verlangt zu haben, bekomme ich es in einem großen Rotweinglas serviert. Ideal für diese Art von Bier. Eine dicke, fast sämige Konsistenz, kräftige Röst- und Kakaoaromen, eine deutlich spürbare, aber nicht zu dominierende Bittere.«

Adresse Straßenbräu, Neue Bahnhofstraße 3, 10245 Berlin, Tel. 030/55527550, www.strassenbraeu.de, www.mateoybernabe.com, www.garagart.com, Volker Quantes Blog: www.brunnenbraeu.eu | **Bierprofil** Das Sortiment des Straßenbräu umfasst gut 100 Sorten – vom wunderbar alltagstauglichen Pale Ale bis zu Mega-Extremem wie einem Pizza-Bier mit Tomatensaft, Oregano und Basilikum. | **Öffnungszeiten** Brewpub: täglich außer Mo ab 17 Uhr; Termine für Braukurse und Degustationsabende auf der Website | **Bezug** deutschlandweit im Fachhandel | **Tipp** Volker Quante hat das Little Bichos in Madrid im Slow Mex (Calle de San Vicente Ferrer 33) getrunken, einer Craft-Beer-Bar mit Zapfhähnen, unzähligen Flaschenbieren und mexikanischer Küche. Spanien hat Deutschland in Sachen Kreativbier schon vor Jahren abgehängt.

95__ Tough Guy Ale
Boston liegt jetzt an der Ostsee

3. April 1933. Die Maple Leaf Gardens Arena in Toronto, Kana-da, kocht. Das fünfte Spiel in den Semifinals der National Hockey League – der Lokalmatador gegen die Boston Bruins – steht immer noch 0:0. 104. Minute der Verlängerung. Es gilt: Sudden Death – ein Tor genügt für den Sieg. 46 Sekunden später. Ken Doraty, die Nummer 15. 1:0 für den Gastgeber. Nie zuvor in der Geschichte der NHL haben die Fans so lange zittern müssen.

Sudden Death, so heißt auch das Craft-Beer-Label, das der Bier-sommelier Oliver Schmökel und Jan Eric »Ricky« Nagel, im Brot-beruf Geschäftsführer eines Bekleidungshauses, 2017 im Ostseebad Timmendorfer Strand gegründet haben. Beide glühen für die Boston Bruins und fliegen schon mal über den Großen Teich, um dabei zu sein, wenn ihr Team seinen Gegner blamiert. Natürlich fließen bei diesen Trips auch diverse Bierchen. Für Schmökel und Nagel waren die für die Westküste der USA typischen, cremigen und überbor-dend gehopften Ales eine Offenbarung. Sie beschlossen, die einem deutschen Pils haushoch überlegene Geschmackswunder an ihre Küste zu transferieren. Seither tüfteln die beiden auf einer 50-Liter-Hobbyanlage Rezepte aus, die sie dann im lokalen Brauhaus Klü-vers umsetzen.

Schenkt man sich ihr Tough Guy Ale ins Glas, erfährt der Gau-men eine schmackhafte Lehrstunde über die Andersartigkeit eines sogenannten East-Coast- oder New-England-IPA, eines obergäri-gen Starkbiers, wie man es in Boston bekommt. Ein Cocktail aus Fruchtaromen – Aprikose, Orangenschale, Gras und im Abgang Grapefruit –, kombiniert aus den fünf Hopfensorten Magnum, East Kent Goldings, Cascade, Centennial und Chinook. Unterfüttert mit einer daumendicken, stabilen, dabei aber doch versöhnlich milden Bitterness. Ein Bier, bei dem so manch eingefleischter Pilstrinker weich werden dürfte und der bis dato für ihn alternativlosen Mas-senware unter Tränen abschwört. Ziel erreicht.

Adresse Sudden Death Brewing, Strandallee 81, 23669 Timmendorfer Strand, Tel. 0160/5547894, www.suddendeathbrewing.de | **Bierprofil** Tough Guy Ale, Steven Seagull (West Coast IPA), Juice Willis (Session IPA), The Jungle King (Porter) | **Bezug** Onlineshop auf der Website, deutschlandweit im Fachhandel | **Tipp** Als Bostons beste Brauerei gilt die Trillium Brewing Company, deren Brewpub so überlaufen ist, dass sie ihre Biere leider nur selten nach Europa exportieren kann.

96__Till Death Old School Ale
Verscheucht Kummer und Sorgen

Craft Beer ist anders. So verkünden es die Missionare des neuen Bierdeutschland in ihren Manifesten. Vergleichbar mit den Punks der 1980er, die sich Nägel durch die Ohrläppchen stachen, um individuell zu sein, sich aber dann doch alle irgendwie glichen, sieht die Realität längst anders aus. Je mehr Craft-Beer-Manufakturen gegründet werden, desto ähnlicher erscheinen ihre Ales. Im Szene-Epizentrum Berlin wirft in jedem besseren Späti eine unübersichtlich lange Reihe an Abfüllungen die Frage auf: Welche auswählen?

Ein Fläschchen, zu dem man immer greifen kann, ist das Till Death des Labels Superfreunde. Auf seinem Etikett prosten sich zwei Skelette fröhlich zu. Vorsicht: Sie sind die bildhafte Prophezeiung, wohin hier der Erstkonsum führen kann. Das Obergärige ist derart süffig, dass man selbst an Trauertagen mit ihm einen Heidenspaß hat. Mit 5,5 % Alkohol liegt es aber auch einen Tick über dem, was der gemeine Bierfreund bei einem Alltagsschüttgut gewohnt ist. Till Death ist im Grunde ein dunkles Altbier. Der Clou ist der Hopfen, mit dem es die Superfreunde in der Reifephase veredeln. Sie haben sich für die Sorte Chinook entschieden, die den in Röstnoten gekleideten Körper derart raffiniert mit Grapefruit- und Zitronenaromen parfümiert, dass der Gaumen, wenn er es denn möchte, dem Gehirn die Illusion vorgaukeln kann, man hätte sich gerade auf einer Plantage irgendwo am Mittelmeer unter einen Baum gelegt.

Superfreunde, das waren anfangs die besten Kumpels Michael Arndt und Stefan Schröder. 2015 eröffneten sie in Friedrichshain die Crêperie »Frenc Heartcrafted Goods«, in der auch das Bier selbst zubereitet sein sollte. Der Haustrunk kam so gut an, dass man, durch Markus Rehmann zum Trio angewachsen, die Gründung eines Craft-Beer-Labels beschloss. Superfreunde ist keine Brauerei, ihre Kreationen werden vorwiegend im Norden Bayerns gesiedet und gereift.

Adresse Superfreunde, Petersburger Straße 49, 10249 Berlin, Tel. 030/31173930, www.superfreunde-craftbeer.com | **Bierprofil** Till Death Old School Ale, GPA (Pale Ale), Super Ale (India Pale Ale) | **Öffnungszeiten** Crêperie: Niederbarnimstraße 16, täglich außer So 18–22 Uhr | **Bezug** Onlineshop und Online-Verkaufsstellen auf der Website, deutschlandweit im Fachhandel | **Tipp** Im nach Craft Beer verrückten Berlin wird längst sogar am Stadtrand gebraut. Das nach seiner Lage benannte kleine Brauhaus Spandau (Neuendorfer Straße 1) öffnete sogar schon im Jahr 2000 als Gasthausbrauerei, die Sorten wechseln monatlich.

97 — Methusalem

Alt im doppelten Sinn

Ach, wäre die Bibel doch die allein selig machende Wahrheit geblieben. Dann würde sich die Frage nicht stellen, wer den in den 1960ern verschwundenen Bierstil Dortmunder Alt am originalgetreusten hat auferstehen lassen: die 2005 wiedergegründete Bergmann Brauerei oder The Monarchy, ein auf Historisches spezialisiertes Gemeinschaftsprojekt von Sebastian Sauer (siehe Kapitel 35) und Fritz Wülfing (siehe Kapitel 2/3). Adam, das wäre der erste Mensch, basta, und Methusalem ein Typ, der 969 Jahre alt geworden ist.

Bekannt ist das Dortmunder Alt unter einem anderen Namen: Adambier. Weil die Bergmann Brauerei ihn sich hat schützen lassen, darf nur sie ihn verwenden. Es heißt, dass man den Trunk im Mittelalter, um seine Qualität zu prüfen, auf einer Sitzbank ausgoss und sich dann die Herren nackt – im Adamskostüm – daraufsetzten. Blieb die Bank beim Aufstehen an ihren Hintern kleben, war das Bier gelungen. Als der preußische König Friedrich Wilhelm IV. (1795 – 1861) bei einem Besuch in Dortmund einen Humpen in einem Zug leer trank, sackte er weg und schlief 24 Stunden durch. Zwei Jahre Lagerung im Holzfass katapultieren den Alkoholgehalt dieses Bierstils in die Dimension von Wein. Leider ist dies so ziemlich das Einzige, was man sicher über ihn weiß.

Während man sich bei der Dortmunder Bergmann Brauerei für nur 7,5 % und eine unkomplizierte Aromatik entschieden hat, allerwelts-kompatibel sein will, beweist The Monarchy Mut. Ihr Methusalem hat 10 % und traut sich, allem zu widersprechen, was der gemeine Bierfreund erwartet, wenn er zum Flaschenöffner greift. Cremig, ja ölig in der Konsistenz. Ein stabil malziger Körper mit zarten Rauch- und Röstaromen. Eine intensive, aber ungewohnt andere Bitterkeit, kombiniert mit deutlichen Noten von Dörrpflaumen und dunklen Früchten und einem Anklang von Rauch. So gefällt der Bärentöter. Als verdichtetes, komplexes Alt mit einer feinen Säure.

Adresse The Monarchy, Diepenlinchener Straße 20, 52224 Stolberg, Tel. 0152/34012284, www.themonarchybeer.de; Bergmann Brauerei, Speicherstraße 100, 44147 Dortmund, Tel. 0231/9503901, www.harte-arbeit-ehrlicher-lohn.de | **Bierprofil** The Monarchy: Methusalem, Münchhausen (saures Alt), Quedlinburger Gose, Grätzer und andere historische Bierstile; Bergmann Brauerei: Adambier, Pils, Export, Dunkles, 1972 (heller Bock), Hopfensünde (hopfengestopft) | **Öffnungszeiten** Stehbierhalle der Bergmann Brauerei: Do, Fr 15–22 Uhr, Sa 11–22 Uhr, So 14–22 Uhr | **Bezug** Biere von The Monarchy deutschlandweit im Fachhandel, Adambier der Bergmann Brauerei im regionalen Getränkehandel | **Tipp** Ein weiterer historischer Bierstil, den nicht nur The Monarchy wiederauferstehen lässt, ist das Rauchweizen Grätzer aus der einst preußischen Provinz Posen. Die polnische Craft-Beer-Brauerei Pinta dürfte mit ihrem Grodziskie dem Original extrem nahe kommen (www.browarpinta.pl).

98_ Tilmans Helles
Du bist mein tägliches Wunder

Es ist alles andere als eine Schande, wenn man seiner Neugierde auf die Geschmackshappenings der Craft-Beer-Braukünstler freien Lauf lässt, sich am Ende dann aber doch wieder einen Kasten der All-Time-Klassiker Pils oder Helles in den Keller stellt. Für den Alltag tragen Coffee-Porter und Co. schlichtweg viel zu dick auf.

Braumeister Tilman Ludwig gehört zum kleinen Kreis jener Szenegrößen, die nicht mit einer Aromenbombe, einem barock überbordenden India Pale Ale oder einem vor Schokoladennoten nur so strotzenden Stout ins Craft-Beer-Business eingestiegen sind. Er hat es sich schwerer gemacht, denn er hat sich als Erstes einen gewaltig unterschätzten Schluckbierstil vorgenommen, das für seine Heimat München typische Helle.

Das blassgelbe bis hellorange Untergärige ist die anspruchsvollste Braudisziplin. Es basiert auf dem Prinzip »Weniger ist mehr«, weshalb man jeden noch so kleinen Fehler sofort herausschmeckt: Die verwendeten Malze sollen zwar eine klare Süße, darüber hinaus aber kein Aromenprofil aufbauen. Hopfen wird lediglich wegen seiner Bitterstoffe verwendet, die die Süße ausbalancieren. In Trübstoffen enthaltene Aromenträger wie Eiweiß und Resthefe werden dem Hellen durch Filtern entzogen.

Tilman Ludwig erlaubt sich bei seiner Interpretation, mittels der Hopfensorten Chinook und Tettnanger zu simulieren, dass ihm ein klein wenig Zitronensaft in den Lagertank getropft und eine Handvoll frisch gemähtes Gras hineingefallen sei. Sein »Tilmans Helles« ist dezent, aber punktgenau gestopft, das heißt durch eine zusätzliche Hopfengabe während der Reifung nacharomatisiert. Eine gute Idee, finden selbst Bayerns nicht gerade für Offenheit bekannte Traditionalisten.

Einmal getrunken – und die Frage, ob Craft Beer nicht auch alltagstauglich sein kann, nah am Gewohnten und den Konzernplempen aus der Fernsehwerbung dennoch haushoch überlegen, hat sich erledigt.

Adresse Tilmans Biere, Dachauerstraße 114, 80636 München, Tel. 0157/78937477, www.tilmansbiere.de | **Bierprofil** Helles, Dunkles, Brown Ale, verschiedene Weizen | **Öffnungszeiten** Bei Redaktionsschluss war Tilman Ludwig gerade dabei, sich in der Thalkirchner Straße 53 einen Brewpub mit 14 Zapfhähnen einzurichten. | **Bezug** Ausschankorte und Verkaufsstellen auf der Website, deutschlandweit im Fachhandel | **Tipp** Bevor Tilman Ludwig 2014 in München sein eigenes Craft-Beer-Label gründete, war er in der Schweiz in Roggwil bei der kleinen, feinen und entdeckenswerten Gasthausbrauerei Huus-Braui angestellt.

99__Schwarze Tinte

Die zwei Geschmäcker Londons

Dass man sich mit einem Stout immer einen Schluck Irland ins Glas füllt, wird eine Brauerei aus Dublin nicht müde, uns glauben zu lassen. Dumm nur: Es stimmt nicht! Entwickelt wurde dieser Bierstil in London als gehobene Variante des Porters: stärker und dank einer Schippe unvermälzter Röstgerste noch dunkler und voluminöser als der Arbeitertrunk, der Anfang des 18. Jahrhunderts eingeführt worden war, um das Heer der unterbezahlten Lastenträger und Bauarbeiter bei Kräften zu halten. So ein ursprüngliches Stout haben sich Kirsten Rhein, die in den USA aufgewachsene Braumeisterin des Tölzer Mühlfeldbräu, und Martin Seidl von der Dietrachinger Brauerei in Österreich für ihren ersten Gemeinschaftssud ausgesucht: die Schwarze Tinte.

Martin Seidl baut die Zutat selbst an, die ein Stout von einem Porter trennt: die unvermälzt zugegebene Gerste. Er röstet sie auch eigenhändig. Und da liegt der Hase im Pfeffer. Denn weil jede Ernte anders ausfällt, schwankt bei ihm die Qualität. Deshalb ist die Schwarze Tinte auch mal etwas heller, fällt das Zusammenspiel der für ein Stout typischen Karamell-, Schokoladen- und Kaffeearomen immer einen Tick anders aus. Für Großbrauereien, in denen sich Scharen von Lebensmittelchemikern acht Stunden am Tag darum kümmern, dass eine frische Abfüllung mit den vorangegangenen identisch ist, wäre das der reinste Alptraum. Dort würde man so lange mit Röstmalzextrakt nachfärben und Sude miteinander verschneiden, bis der kleinste Unterschied ausgemerzt ist.

Weil die Schwarze Tinte mal porteriger und mal stoutiger auf der Zunge liegt, ist sie der Traum jedes Bierhistorikers. Auch wenn die Gemeinschaftskomposition gegen die Tradition mit nur einer Hopfensorte gebraut wird – Sorachi Ace –, sie macht schmeckbar, wie eng die beiden britischen Dunklen miteinander verwandt sind. Komplex, aber nicht anstrengend, weich, rund und ausgewogen in der Süße.

Adresse Tölzer Mühlfeldbräu, Bahnhofstraße 4, 83646 Bad Tölz, Tel. 08041/7960571, www.tmb.de; Dietrachinger Brauerei, Dietraching 24, A-5271 Moosbach | **Bierprofil** Tölzer Mühlfeldbräu: Helles, Zwickel, Weizen, Pale Ale, zwölf monatlich wechselnde Craft Biere; Dietrachinger Brauerei: fünf traditionelle Sorten, Kleinstsude | **Öffnungszeiten** Braugasthaus des Tölzer Mühlfeldbräu: täglich außer Di ab 9 Uhr | **Bezug** über den Onlineshop des Tölzer Mühlfeldbräu, deutschlandweit im Fachhandel | **Tipp** Folgt man der Isar von Bad Tölz nach München und weiter nach Niederbayern, trifft man auf das Städtchen Landau. Dort braut die Brauerei Wilhelm Krieger exquisite Craft Biere, die sie unter dem Label Mikes Wanderlust vertreibt.

100__Jrön

So gut schmeckt Blasphemie

Wenn etwas richtig gut ist, dann sollte man die Finger davonlassen. Zu groß ist die Gefahr, dass man es »verschlimmbessert«. Seit Jahrhunderten unverändert, hat das Altbier, das flüssige Heiligtum des Niederrheins, allen Wandlungen des Massengeschmacks und des Brauhandwerks widerstanden. 2015 aber haben es zwei Männer gewagt, seinen Charakter anzuzweifeln und an seiner Rezeptur zu schrauben: Oliver Wesseloh von der Hamburger Brauerei Kehrwieder (siehe Kapitel 51/52) und Michael Schnitzler, Prinzipal der Kultbrauerei Uerige.

Die Uerige Obergärige Hausbrauerei in der Düsseldorfer Altstadt ist der Altbier-Tempel schlechthin. Bis auf die gegenüberliegende Straßenseite drängen sich Durstige aus aller Welt. Wer in einem der rustikal-urigen Gasträume einen Platz ergattert hat, gibt ihn nicht so schnell wieder auf. Wilhelm Cürten, der die Sudstätte 1862 gründete, war stets übellaunig – im Dialekt: uerig. So kam sein Bier zu seinem Namen. Rudolf Arnold, ebenfalls nie guter Laune, der das Wirts- und Brauhaus 1937 übernahm, ließ Schilder anbringen: »Schnapsgenuss während des Bierkonsums ist hier untersagt (es stört Ihre Gesundheit und mein Geschäft)«. Sie hängen bis heute.

Wesselohs und Schnitzlers Idee: Einmal im Jahr geben sie der Starkbierversion des Alt, dem Sticke, einen intensiveren Biss. Wenn im Herbst der Hopfen reif ist, ernten sie in Bayern Dolden der Sorte Hersbrucker Spät, die sie grün, also ungetrocknet, am nächsten Tag zum »Jrön« verbrauen. Mit dem Effekt, dass die rotbraune, von Karamell- und Röstnoten geprägte Sticke einerseits so gut wie immer schmeckt, der Gaumen zugleich aber ein Aha erlebt, denn dank des Ausflugs in die Hallertau bei München ist der »Jrön« – niederrheinisch für »grün« – mit einer norddeutschen Herbe und einem sinnlichen Blumenwiesenaroma gesegnet. Aber das ist auch alles. Sonst bleibt beim Alt alles beim Alten. Versprochen!

Adresse Uerige Obergärige Hausbrauerei, Berger Straße 1, 40213 Düsseldorf, Tel. 0211/866990, www.uerige.de; Kehrwieder siehe Kapitel 51/52 | **Bierprofil** Uerige: Alt, Sticke, Doppelsticke, Weizen; Kehrwieder: siehe Kapitel 51/52 | **Öffnungszeiten** Braugasthaus Uerige: täglich ab 10 Uhr, Termine für Brauereiführungen auf der Website | **Bezug** deutschlandweit immer nach dem Jahreswechsel im Fachhandel | **Tipp** Bolten aus Korschenbroich gilt als älteste Altbierbrauerei der Welt, ihre Version der regionalen Spezialität wird mit vier Hopfensorten gewürzt und ist für diesen Bierstil außergewöhnlich herb.

101__Zuagroast

Shorts fallen auf unter Lederhosen

Was ein Bayer unter einem »Zuagroasten« versteht, ist klar definiert. Mit diesem Wort liebkost er einen Mitbürger, der irgendwo im Rest der Welt, in »Preußen« also, geboren wurde und sich dieses Makels sein Leben lang bewusst zu sein hat. Auf Braumeister Florian Kuplent, der 2014 in Wolnzach, dem Herz des größten Hopfenanbaugebiets der Welt, der Hallertau, das Bürgerbräu übernahm und in die deutsche Dependance der Urban Chestnut Brewing Company verwandelte, trifft das nicht zu.

Wenn, dann ist Kuplent ein »Zuazogner«. Obwohl er seit Langem in »Preußen« lebt. Erst in London. Dann in den USA. Dort verdingte er sich beim Bierkonzern Anheuser-Busch. 2010 gründete er in Saint Louis, Missouri, mit David Wolfe eine Brauerei, wie sie für das Mutterland des Craft Beers typischer nicht sein könnte, die Urban Chestnut Brewing Company.

Ein »Zuazogner« ist er, weil er ursprünglich aus Mühldorf am Inn stammt – ebenfalls bayerisch. Seit der Eröffnung der Filiale pendelt er regelmäßig über den Großen Teich.

Anders als es sich so mancher aus der Craft-Beer-Szene erhofft hat, pflanzte Kuplent keine Kopie seiner US-Biererlebniswelt ins Hügelland der Hallertau. Die Biere, die dort entstehen, sind nicht von den USA, sondern von ihrer eigenen Region geprägt – Lagerbiere in unterschiedlichen Varianten, die sich vor dem direkt vor der Haustüre angebauten Hallertauer Hopfen verneigen und durchexerzieren, in welche unterschiedlichen geschmacklichen Gefilde die Sorten Perle, Mittelfrüh und Melon den Gaumen leiten.

Mit einer Ausnahme, dem »Zuagroasten«, dem Pale Ale. Weil seine himmlisch intensiven Grapefruit- und Ananasaromen von der für die USA typischen Hopfensorte Cascade stammen, kann es seine Wurzeln nicht verleugnen. Es ist obergärig. Aber kein Weizen. Und auch deshalb preußisch. Dank seiner maßlosen Süffigkeit, die sogar die Alteingesessenen beeindruckt, integriert es sich bestens.

Adresse Urban Chestnut Brewing Company, Am Brunnen 2, 85283 Wolnzach, Tel. 08442/964088, www.urbanchestnut.de | **Bierprofil** Zuagroast (Pale Ale), Zwickel, Hopfenperle (Helles), saisonal Winterperle (Dunkles), Wolamot (Doppelbock), Festbier, nass gehopftes Helles | **Öffnungszeiten** Ausschank im benachbarten Gasthaus Zum Bürgerbräuwirt (Am Brunnen 1): Mo, Di, Do, Sa, So ab 17 Uhr, Fr ab 11 Uhr | **Bezug** Ausschankorte und Verkaufsstellen auf der Website, deutschlandweit im Fachhandel (dort auch Biere der US-Mutterbrauerei) | **Tipp** Wer in die Welt des Hopfenanbaus eintauchen will, dem sei das ebenfalls in Wolnzach beheimatete Deutsche Hopfenmuseum empfohlen. Am besten vorher auf www.hopfenmuseum.de das Veranstaltungsprogramm checken, geboten werden Bierverkostungen und Braukurse.

102__Hey Now
Ick bin drei Bärliner

Berlins unauffälligster Bezirk, der Wedding, schließt direkt an Mitte mit seinen zig Millionen Städtereisenden an. Betreten wird er aber nur von einem wirklich kleinen Bruchteil. Von daher trifft man in der Kneipe der Vagabund Brauerei nur auf Auswärtige, die extra wegen ihrer viel gelobten Kreationen gekommen sind. Statt von schnieken Designermöbeln wird man hier vom heimeligen Charme einer Studentenkneipe empfangen. Das Mobiliar ist bunt zusammengewürfelt, in einem Kühlschrank warten ausgesuchte Fremdbiere aus aller Welt darauf, entnommen zu werden. Dessen Tür wird nur selten geöffnet, denn am Hahn liegen immer jene zwei Hopfenkunstwerke, die die Amerikaner Tom Crozier, David Spengler und Matt Walthall zuletzt auf ihrer 180-Liter-Brauanlage gezaubert haben.

Zusammengefunden haben die drei über eine andere Leidenschaft, ihre Indie-Band. Statt konsequent an ihren Songs zu feilen, verlegten sie sich darauf, mal in der Wohnung des einen, mal in der des anderen die Geschmackskosmen ihrer Heimat nachzubrauen. Ein paar Jahre zogen ins Land, bis sie 2013 erstmals Gäste in ihren Brewpub einlassen und ihnen flüssigen US-Lifestyle offerieren konnten. Das mag auch daran gelegen haben, dass keiner von ihnen eine Brauausbildung absolviert hat. Beispielsweise musste das Trio erst lernen, wo es sich außer in einem Onlineshop in Mexiko seine Zutaten noch beschaffen könnte.

Sofern es gerade im Ausschank ist, empfiehlt es sich, den ersten Kontakt mit Berlins gemütlicher US-Brewery mit dem Hey Now zu begießen, einem West Coast India Pale Ale. Erst riechen – wow! Der Geruch lässt Großartiges erwarten. Wuchtig richten sich Fruchtaromen im Mundraum ein. Getragen von einer intensiven Herbheit, die sich dort immer weiter steigert, so knackbitter wird, dass sich die Schleimhäute so trocken anfühlen wie eine Wüste. So mag man's drüben überm Großen Teich. Radikal und spektakulär.

Adresse Vagabund Brauerei, Antwerpener Straße 3, 13353 Berlin, Tel. 030/52667668, www.vagabundbrauerei.com | **Bierprofil** Pale Ale, diverse India Pale Ales, Strong Bitter, Stout, diverse Sauerbiere, wechselnd nach Saison, jeweils zwei Biere im Ausschank | **Öffnungszeiten** Brewpub: Mo–Fr ab 17 Uhr, Sa, So ab 13 Uhr; Braukurse (auf Englisch): Termine auf der Website | **Bezug** Ausschank nur im eigenen Brewpub | **Tipp** Bei einer Tour durch den Wedding sollte man auch beim Eschenbräu vorbeischauen (Triftstraße 67). Geboten werden monatlich wechselnde Eigenkreationen und als i-Tüpfelchen selbst gebrannte Whiskys. Traumhaft: der urige Biergarten.

103__Schokobär

Geschmacks-Chamäleon mit Pelzmantel

Wein ist kein Getränk, sondern eine Wissenschaft. Deshalb stellt man weiße Sorten, wie man es gelernt hat, auch immer in den Kühlschrank, wohingegen es die schweren Roten zimmerwarm haben sollen. Sonst schmecken sie nicht.

Ralph und Karin Hertrich aus Feucht bei Nürnberg, die seit Ende 2015 mit der Kraft der Braukunst ein Veto gegen Massenbierhaltung einlegen, empfehlen, ihren Meistertrunk, den Schokobär, zugleich wie einen edlen Riesling und einen teuren Bordeaux zu behandeln. Eigentlich wollten die beiden ihr Craft-Beer-Label erst einmal nur im Nebenberuf betreiben, doch ihre flüssige Lehrstunde, die einen Genussabend unter Freunden zu einem echten Happening werden lässt, wurde sofort mit Gold und 2017 schließlich mit Platin prämiert.

Der knuddelige Geselle, ein klassisch gebrautes, süßliches, 6,5 % starkes, tiefschwarzes Stout, hat die Angewohnheit, seinen Charakter nach der Temperatur auszurichten, mit der er getrunken wird. Mit einer Selbstverständlichkeit, die man bei einem Bier nie für möglich gehalten hätte, ändert er seine Aromatik mit jedem Grad Celsius. Nachdem er mindestens eine Nacht im Kühlschrank verbracht hat, kann das faszinierende Genussexperiment beginnen: öffnen, einschenken, riechen, schmecken. Solange der Schokobär noch so frisch wie ein Weißwein ist, könnte man meinen, an einem Caffè Freddo zu nippen, einem auf Eis gelegten Espresso, ohne den die Italiener nach der Siesta nicht wieder wach zu bekommen wären. Das Glas in der Hand halten, um den Braunen sachte zu wärmen. Alle paar Minuten nippen und mit dem Gaumen beobachten, wie die ersten Schokoladenaromen auftauchen. Je mehr sich der cremig-viskose Trunk an die Zimmertemperatur angleicht, desto dominanter werden sie. Am Ende haben sie den Espresso dann niedergerungen, die alleinige Kontrolle über die Geschmacksknospen übernommen. Wer's nicht glaubt: Schokobär kalt stellen, nachmachen.

Adresse VETO by Hopferei Hertrich, Brückkanalstraße 33, 90537 Feucht,
Tel. 09128/912668, www.hopferei.de | **Bierprofil** Schokobär, Hopfentiger (India Pale Ale),
Weißer Hai (Weizenbock), Zwickelhahn (Kellerbier), Lammbock (dunkler Bock) | **Bezug**
Ausschankorte und Verkaufsstellen auf der Website, deutschlandweit im Fachhandel | **Tipp**
In der nahen Metropole Nürnberg entsteht eine breite Vielfalt an entdeckenswerten Craft
Bieren. Das Label NBG konzentriert sich auf Hopfenkunstwerke im US-amerikanischen
Stil, die Mikrobrauerei Bierwerk hebt traditionelle Sorten auf ein neues Niveau.

104_Wunder Weizen
Das Hefe aus dem Norden

Durst auf ein Weißbier? Hefetrüb. Mit festem Schaum. Wagen wir ein Experiment. Frage: Welche Bilder entstehen automatisch im Kopf, wenn wir uns in Gedanken ein wohltemperiertes Weißbier einschenken? Natürlich: Bayern, ein Biergarten, Kerle in Lederhosen, die mit feschen Madln anstoßen – die Kamera schwenkt jetzt hinauf zum weißblauen Himmel.

Niemand hat beim Stichwort »Weizenbier« Containerschiffe vor seinem inneren Auge und Möwengeschrei. Noch. Denn neuerdings können auch die Hamburger diesen Bierstil. Ganz wunderbar sogar! Der Craft-Beer-Kultur sei's gedankt.

Ob der erheblichen Anzahl an Kreativbier-Start-ups, die mittlerweile um den größten Hafen Deutschlands herum die durstigen Seelen zu Craft bekehren, mag Martin Schupetas und Natalie Warnekes »von Freude« auf den ersten Blick nur ein Label von vielen sein. Zwei Quereinsteiger – er aus der Banken-, sie aus der Modebranche – haben ihre Leidenschaft zum Beruf gemacht und tüfteln seither zu Hause mit einer Hobbyanlage Rezepte aus, mieten sich dann für den großen Sud tageweise in einer klassischen mittelständischen Brauerei ein. Nichts Besonderes also. Bis man ihr »Wunder Weizen« in der Hand hält.

Weil man im Norden anders tickt, will es natürlich kein Plagiat eines Weizenbiers aus dem Süden sein. Im Gegensatz zu den Braumeistern Bayerns zeigen sich Schupeta und Warneke als großzügig, ja verschwenderisch, was den Hopfen betrifft. Dolden der Züchtungen Chinook und Simcoe sorgen für reichlich Zitrus-, Orangen- und Ananasnoten, geben der Kreation den Charakter eines Pale Ales. Und doch kann und will das »Wunder Weizen« seine Verwandtschaft mit seinen bayerischen Vettern nicht verleugnen. Im Abgang trudeln dann doch noch die für ein Weißbier typischen Bananen- und Nelkenaromen ein. Genial! Hat das Potenzial, sogar in München die Zapfhähne zu erobern.

Adresse von Freude, Tarpenbekstraße 143, 20251 Hamburg, Tel. 040/22853515, www.vonfreude.de | **Bierprofil** Wunder Weizen, Ale Primeur (Pale Ale), Boulevard (leichtes India Pale Ale), Just Pils | **Bezug** Onlineshop auf der Website, deutschlandweit im Fachhandel | **Tipp** Den Craft-Beer-Onlineshop »Beyond Beer« gibt es auch in einer begehbaren Version. Im Laden in der Weidenallee 55 in Hamburg wird sogar gezapft, nicht nur für Einsteiger hochinteressant sind die Tasting-Veranstaltungen.

105__Walkürenschluck
Flüssiger Metal-Hammer

Wackööööööön goes Craft Beer! Na endlich! Wenn man ehrlich ist, dann war es nur eine Frage der Zeit, bis jenes holsteinische Nest, in das Jahr für Jahr um die 80.000 Fans des strukturierten Gitarrenlärms zum stets verregneten Open-Air-Festival pilgern, auch eine rockige Brauerei bekommt. Denn ein Metal-Großevent ist ohne die Dreieinigkeit aus Bier (viel!), Headbangen und Lederkluft nicht zu denken. Fehlt als Viertes noch der Szene-Gruß, das Recken der zur »Pommesgabel« geformten Faust, auch »Metal Fork« genannt.

Dass aus dem lautesten Dorf der Welt jetzt auch das durstigste Dorf der Welt wird, dafür sorgen die Brüder Jörg und Hendrik Stotz sowie als stiller Teilhaber Helge Pahl. Mit der Metal-Szene sind sie unter anderem durch ihren Versandhandel Battle Merchant verbunden. Über ihn verkaufen sie Mittelalter-Gewänder, Kettenhemden, Schwerter und natürlich auch Met. Und seit 2016 auch ihr eigenes Bier. Die Idee, selbst zu brauen, kam bei einem Hamburg-Trip. Als dann im Wackener Gewerbegebiet ein Supermarkt schloss, stellten sie dort ein 20-Hektoliter-Sudwerk, Lagertanks und Co. auf und eröffneten einen Taproom für ihr Beer of the Gods, einen Brauereiausschank.

Bei ihren Sorten bleiben sie dem Thema Mittelalter treu: Wacken-Biere spielen auf alte nordische Mythen an und tragen Namen wie Tyr (der Gott des siegreichen Kampfes), Mjölnir (eine magische Waffe des Gottes Thor) oder Walkürenschluck. Letzterer, ein bernsteinfarbenes Strong Ale, ist ein richtig wuchtiger Metal-Hammer, schlägt mit 7,8 % Alkohol mächtig ein. Sein schweres, mit Karamell- und Honignoten gefüttertes Malzbett warnt, dass der Trunk den Abend schnell beenden könnte. Zeitgleich gaukeln himmlisch elegante Aprikosen- und Grapefruitaromen vor, dass er harmlos ist. Sie stammen von den Hopfensorten Summit und Cascade. Genau das Richtige für die Enkel von Lemmy von Motörhead: harte Schale, weicher Kern.

Adresse Wacken Brauerei, Gehrn 13, 25596 Wacken, Tel. 04827/9969810, www.wacken.beer |
Bierprofil Walkürenschluck, Freya und Ullr (helle Böcke), Tyr (Imperial India Pale Ale),
Baldur (Märzen), Surtr (Rauchbier), Weizendoppelbock, Heimdalls Willkomm (Biermet),
Mjölnir (Pils) | **Öffnungszeiten** Taproom und Direktverkauf: Mo–Fr 8–19 Uhr, Sa
10–18 Uhr; Termine für Brauereiführungen mit Verkostung auf der Website | **Bezug**
Ausschankorte und Verkaufsstellen auf der Website, deutschlandweit im Fachhandel | **Tipp**
Der Name des Hamburger Craft-Beer-Labels Brewcifer mag ebenfalls nach Metal klingen,
sucht seine kulturellen Bezüge aber dann doch bei Robbie Williams, Isaac Newton und
Goethe. Besonders genial: das Rhubarb White, ein belgisches Saison, gebraut mit frischem
Rhabarber und Basilikum.

106_Badisch Gose

Nicht umgekippt und dennoch sauer

Mittelständische Brauereien haben es auf dem deutschen Biermarkt nicht gerade leicht. Auf der einen Seite versuchen die Großen, ihnen durch Omnipräsenz auf den TV-Kanälen so viele Durstige wie möglich wegzunehmen. Auf der anderen Seite mahnt der Handel, doch noch mal über die Preisgestaltung nachzudenken. Wer in diesem Spannungsfeld überleben oder gar wachsen will, muss mit frischen Ideen aufwarten. Aber solchen, die die Stammkundschaft nicht verprellen.

Dass genau das möglich ist, beweist das 1752 gegründete Weldebräu aus Plankstadt bei Heidelberg. Seine Biere fallen auf, denn die meisten seiner Sorten werden in eine grüne Flasche abgefüllt, bei der der Hals seltsam verdreht ist. Die individuell geformten Behältnisse der Großkonkurrenten wirken im Vergleich zu diesem Schwan aus Glas, der auf einer Skulptur des Künstlers Günter Braun beruht, wie müde Chorknaben.

Daneben hat sich Welde schon früh getraut, in Sachen Bierstil und Geschmack auch mal vom Weg abzuweichen, um auf dem Territorium des Andersartigen eine neue Fangemeinde zu gewinnen. Bereits 2015, als nur eine verschwindend kleine Minderheit saure Biere nicht automatisch mit verdorben und umgekippt gleichsetzte, brachte man eine Gose auf den Markt, eine Version dieses bereits um das Jahr 1000 bezeugten Erfrischers, der einem den Einstieg in die große Welt der anders vergorenen Biere leicht macht.

Eine Gose wird mit Salz und Koriander gebraut und wie Brotteig auch mit Milchsäure fermentiert. Die nach Banane duftende Badisch Gose ist deutlich milder als ihre Vettern aus Goslar (siehe Kapitel 16) und Leipzig (siehe Kapitel 7). Und fruchtiger, denn die Hopfensorten Select, Saphir und Citra geben ihr einen zusätzlichen Zitrus-Kick. Einziger Wermutstropfen: Ausgerechnet jenen Sorten, die bei Welde aus dem Rahmen fallen, wird die Flasche mit dem geknickten Schwanenhals verweigert.

Adresse Welde, Brauereistraße 1, 68723 Plankstadt, Tel. 06202/930087, www.welde.de | **Bierprofil** Badisch Gose, Pepper Pils, Hop Stuff Ella-Equinox (hopfengestopftes Helles), Bourbon Barrell Bock; traditionell: Helles, mehrere Sorten Pils, Kellerbier, Export, Weizen | **Öffnungszeiten** Direktverkauf: Mo–Fr 9–17 Uhr; Termine für Brauereiführungen auf der Website | **Bezug** Onlineshop auf der Website, deutschlandweit im Fachhandel | **Tipp** Preisgekrönt, aber noch kaum bekannt sind die Kreationen der Neuenstädter Biermanufaktur aus dem nahen, 9.600 Einwohner kleinen Neuenstadt am Kocher.

107__Pepper Pils
Pretty in Pink

Was ist der Unterschied zwischen Otto Normaltrinker und den Fans des Besonderen? Die Art, wie sich beide einem Bier nähern, das sie noch nicht kennen! Der eine nimmt einen ordentlichen Schluck und weiß sofort: Schmeckt mir! Oder: Schmeckt mir nicht! Der andere studiert lange das Etikett, dann, nach dem Einschenken, die Farbe. Erst wird gerochen, dabei das Glas geschwenkt. Wenn das Nass endlich den Mundraum benetzt, darf nicht gleich geschluckt werden. Fieberhaft versucht das Gehirn, die Aromen richtig zu benennen.

Weil dem Gaumen spontan nur gefällt, was er kennt, und weil man ihn auf neue Erlebnisse bedächtig vorbereiten muss, dürfte sich Otto Normaltrinker mit seiner Methode schwertun, die Genialität der Idee zu erkennen, ein helles Lagerbier mit Pfeffer scharf zu machen. Auf einem Streifzug durch die USA, das Mutterland des Craft Bieres, hat Alexander Himburg (siehe Kapitel 46) sie sich von den dortigen Braurebellen abgeschaut. Gemeinsam mit Stephan Dück, Braumeister des 1752 gegründeten Sudhauses Welde, beschloss er, Bierdeutschland mit einer rosafarbenen Version zu schockieren. Was gar nicht so einfach war.

Pfeffer – verbraut werden fair gehandelte, überreif geerntete und deshalb zartrotfarbene Beeren aus Nepal und Kambodscha – enthält viel zu viel Öl. Das ist Gift für den Bierschaum. Um das Gewürz mit einem Pils zu vermählen, bedarf es einiger Winkelzüge. Zuerst wird der Pfeffer ausgekocht. Der so entstandene Sud wird entölt und schließlich leicht filtriert.

Das Genusserlebnis rechtfertigt alle Mühen. Anders als es der Name erwarten lässt, ist das Pepper Pils nicht stechend scharf, sondern fruchtig. Es betört mit deutlichen Aromen von Zitrusfrüchten, speziell Bergamotte, in die eine spitze Geschmackskomponente lediglich sanft hineinpikst. Ideal zu rosa gegrillten Rindersteaks. Oder man trinkt es einfach so, die Drinkability ist sagenhaft.

Adresse Welde, Brauereistraße 1, 68723 Plankstadt, Tel. 06202/930087, www.welde.de; Himburgs Braukunstkeller: siehe Kapitel 46 | **Bierprofil** Welde und Himburgs Braukunstkeller kreieren immer wieder Gemeinschaftsbiere mit anderen Brauern aus aller Welt, von denen es oft nur einen Sud gibt. | **Öffnungszeiten** Termine für Führungen durch die Brauerei Welde auf der Website | **Bezug** nicht immer zu bekommen; wenn erhältlich, dann im Shop auf der Website von Welde sowie deutschlandweit im Fachhandel | **Tipp** Plankstadt liegt zwischen den Städten Mannheim und Heidelberg – mit deutlicher Tendenz zu Zweitem. In beiden laden Filialen des Craft-Bier-Shops »upper glass« dazu ein, neue Genusswelten zu entdecken.

108__ Groll'sches Doldenpils
Zurück ins Jahr 1842

Kombiniert man die Worte »Bier«, »Tradition« und »Region« zu einer Frage, wird man als Antwort »München« zu hören bekommen. Nicht gut! Richtig wäre Franken, der Norden Bayerns. Dort herrscht die weltweit höchste Dichte an Brauereien – die meisten davon in Familienbesitz. Nach Jahrzehnten, in denen das Desinteresse der Söhne und Töchter viele Sudkessel für immer hat erkalten lassen, ist es für die Jungen wieder chic geworden, in den Betrieb der Eltern einzusteigen.

Ein Paradebeispiel ist die 1498 gegründete Brauerei Wiethaler in Neunhof, einem 800-Seelen-Dorf nahe Nürnberg. Seit er das Sudhaus übernommen hat, dokumentiert Junior Andreas Dorn, dass er Craft Beer zuvorderst als die Fortsetzung der Tradition mit nicht effizienten Mitteln versteht. Sein »Groll'sches Doldenpils« lehrt den Gaumen, wie edel und köstlich der 1842 von Wanderbraumeister Joseph Groll erfundene Bierstil schmeckt, wenn man ein Pils kompromisslos wider die Gesetze des Massenbiermarktes bürstet. Andreas Dorns Variante basiert auf traditionell handwerklichem Tennenmalz: auf fünf Sorten, die er nicht alle gleichzeitig verarbeitet. Er kocht aus jenen eine Würze und aus diesen eine separate zweite. Dieses Dekoktionsmaischverfahren ist eine uralte Technik, um feinere Geschmacksnuancen zu erzeugen. Gehopft und hopfengestopft wird mit der seit alters in Franken kultivierten Sorte Hersbrucker Spät. Mit frisch geernteten Dolden. Das erklärt, weshalb es seit 2015 nur einen Sud pro Jahr gegeben hat.

Weich, auf einen satten Körper gestellt, knackig bitter und mit einem massiv blumigen Aroma und erfrischenden Zitrusnoten gesegnet: Wer zu den Glücklichen zählt, die ein Fläschchen dieses wahren Pils ergattern, oder wer es sich im uralten Wiethaler-Braugasthof servieren lässt, wird Tränen vergießen. Aus Trauer über das, was uns die Fernsehwerbung als »traditionell« und »typisch herb« unterschieben will.

Adresse Brauerei Wiethaler, Welserplatz 6–7, 91207 Lauf a. d. Pegnitz-Neunhof, Tel. 09126/7651, www.brauerei-wiethaler.de | **Bierprofil** Hoptimum (Pale Ale), Black Moon (Stout), Red Resi (Red Amber Ale), zwölf traditionell fränkische Sorten | **Öffnungszeiten** Brauereigasthaus mit Biergarten: Di ab 17 Uhr, Mi–So ab 11 Uhr; Brauereiverkauf: Mo–Fr 7–12 und 13–18 Uhr, Sa 8–13 Uhr | **Bezug** deutschlandweit im gut sortierten Fachhandel | **Tipp** Seit dem jüngst erfolgten Generationswechsel gibt es auch beim Sonnen-Bräu in Mürsbach bei Bamberg unregelmäßig typisches Craft Beer wie Pale Ale. Diese urige fränkische Brauerei ist eine der letzten, die ihr Bier ausschließlich im eigenen Gasthaus verkauften – auch als Handabfüllung zum Mitnehmen.

109_ Sommerfinsternis

Herzog Wilhelms Alptraum

Am 23. April 1516 erließ der Wittelsbacher Herzog Wilhelm IV. in Ingolstadt die Bayerische Landesordnung. Im vierten Teil des Gesetzeswerkes, jedermann als »Reinheitsgebot« bekannt, heißt es, dass Bier künftig nur mit Gerste, Hopfen und Wasser gebraut werden darf. Nur Gerste, wohlgemerkt. Weizen zu Weißbier zu verbrauchen: dem Volk verboten!

Ebenfalls in Ingolstadt schlossen sich 2016 ein aus den USA ausgewanderter Brauer und ein in der Region aufgewachsener Wirtschaftsinformatiker zusammen, um die geheiligte bayerische Biertradition auf links zu wenden. Bryan France, der Yankee, und Max Senner, der Kraut, können zwar auch brav sein, wie ihr ganz großer Wurf, das mit dem Reinheitsgebot konforme Pale Ale »Eden«, beweist. Profi-Verkoster haben es zum schmackhaftesten deutschen Vertreter dieses fruchtig-leichten Bierstils erklärt. Mehr Spaß machen den beiden aber Tabubrüche wie das obergärige »Room 101«, ein Kooperationssud mit Freigeist Bierkultur und Pirate Brew (siehe Kapitel 73), bei dem Eukalyptus, Pfefferminze, Salz, Wacholderbeeren und Zitronen auf der Einkaufsliste standen.

Wüsste Herzog Wilhelm IV., wie Yankee & Kraut die 6,5 % Alkohol starke Sommerfinsternis brauen – auch bei dieser Kreation würde er sich im Grab umdrehen. Das Schwerkaliber verschmilzt die britischen Stile Stout und India Pale Ale zu einem dunklen, obergärigen Spezial, wie es auf dem Etikett verharmlosend heißt, mixt liebliche Schokoladenaromen mit Lagerfeueratmosphäre, spült Bacon- und Raucharomen in den Mund. Vergoren wird es mit einer Hefesorte, die eigentlich für das den Bayern heilige Weißbier reserviert ist. Der flüssige Affront hat dennoch auch den Ingolstädtern köstlich gemundet.

Yankee & Kraut haben keine eigene Anlage, wie viele Kollegen nutzen sie das Brauhaus Binkert in Breitengrüßbach bei Bamberg. In dessen Brewpub werden alle dort entstandenen Köstlichkeiten ausgeschenkt.

Adresse Yankee & Kraut, Josef-Ponschab-Straße 7, 85049 Ingolstadt, Tel. 0151/67513464, www.yankeeundkraut.de | **Bierprofil** Sommerfinsternis, Eden, Hopulenz (India Style Lager), Apotheose (India Pale Ale) und andere, unregelmäßig verwegene Kooperations- und Sondersude | **Öffnungszeiten** Brewpub des Brauhauses Binkert (Westring 5, Breitengüßbach, www.mainseidla.de): Mai–Sept. Mi–Fr 9–12 und 15–22 Uhr, Sa, So 15–22 Uhr, Okt.–April Di–Fr 9–12 und 15–22 Uhr, Sa 15–22 Uhr | **Bezug** deutschlandweit im Fachhandel | **Tipp** Ein Grenzgänger zwischen den Stilen ist auch das Blond Stout des Brauhauses Eichbaum aus Mannheim: eine helle Version des gewöhnlich tiefschwarzen irischen Biertyps.

110 _ Vinator rot und weiß

Wenn zwei Getränke Hochzeit feiern

Mit seinen nur 1.500 Hektar Anbaufläche zählt der Steigerwald, der Landstrich östlich von Bamberg, nicht zu jenen Weinregionen, in denen sich die Genussurlauber gegenseitig auf den Füßen stehen. Zu nah liegen die weltberühmten Winzerstädte Volkach und Würzburg. Ähnlich sieht es dort beim Bier aus. Das 240-Seelen-Dorf Theinheim, in dem die Hausbrauerei des Landgasthauses Zum Grünen Baum exquisite Untergärige reifen lässt, liegt abseits der Schlagadern des fränkischen Biertourismus.

Braumeister Helmut Bayer hat diese nicht einfache Lage seiner Heimat zu einer Kreation inspiriert, die die Liebhaber besonderer Biere gleichermaßen aufhorchen lassen dürfte wie die Sammler seltener Rebensäfte. Sein Vinator verschmilzt beide Getränke zu einem völlig neuen Geschmackserlebnis. Aber nicht durch Mischen, das wäre dann doch zu einfach.

Schauen wir Helmut Bayer über die Schulter. Herbst. Während der Winzer Udo Vogt in seinen Weinberg aufbricht, beginnt Helmut Bayer, die Würze für ein helles Bockbier zu maischen. Udo Vogt wird ihm im Lauf des Tages einen Teil seiner Lese – Müller-Thurgau – vorbeibringen. Die Trauben gibt Bayer in einen Gärbottich und füllt ihn mit der Würze auf, woraufhin sich die Hefe an die Arbeit macht. Beim roten Vinator wird die Würze eines dunklen Bocks gemeinsam mit Most der Traubensorte Cabernet Dorsa vergoren.

Ein Dreivierteljahr muss der Vinator reifen, bevor er zum ersten Mal über die Zunge eines Gastes des Grünen Baums gleiten darf. Diese Zeit braucht es, damit sich das Beste aus beiden Getränkewelten in einen echten Hybrid verwandeln kann. Der weiße Vinator verblüfft mit malzigen Karamellnoten und einer nur dezenten Fruchtsäure, der rote mit leichten Röstnoten und dem Aroma von roten Beeren. Ungewohnt. Kein Trunk für jedermann. Aber nur deshalb, weil der Vinator auf ein paar hundert Flaschen im Jahr limitiert ist.

Adresse Zum Grünen Baum, Brauerei Bayer, Schulterbachstraße 15, 96181 Rauhenebrach-Theinheim, Tel. 09554/293, www.bayer-theinheim.de | **Bierprofil** Vinator rot und weiß, diverse Frucht- und Gewürzbiere, in verschieden vorbelegten Holzfässern gereifter Bock, spontanvergorenes Weizen; traditionell: Kellerbier, Rotbier | **Öffnungszeiten** Brauerei-gasthaus und Direktverkauf: Di–So ab 9 Uhr | **Bezug** Verkauf vor Ort, nur extrem selten im Fachhandel | **Tipp** 2016 haben die Winzervereinigung Frank & Frei und die Alberts-höfer Sternbräu (beide bei Würzburg) erstmals ebenfalls einen Bier-Wein-Hybrid auf-gelegt. Bei ihrem »M-TH Craft« wurden Müller-Thurgau-Trauben mit der Würze eines Weißbiers verheiratet.

111__Rauchbier
Geschmacksreise in die Vergangenheit

Ihre Aromatik polarisiert. Dem einen entlocken sie ein »Ah! Oh ja!«, dem anderen ein »Bäh!«, denn sie schmecken nach Schwarzwälder Schinken. Biere, die auf geräuchertem Malz basieren, stehen bei Craft-Beer-Künstlern nur selten auf dem Brauplan. Im Mittelalter und weit darüber hinaus gab es nichts anderes. Damals kannte man nur eine Möglichkeit, angekeimtes Getreide kontrolliert zu trocknen und so in Malz zu verwandeln: das offene Feuer. 1635 erfand der Engländer Nicholas Halse die indirekt beheizte Malzdarre. Auf den Britischen Inseln wurde die Grundzutat eines jeden Bieres nun nicht mehr Schwaden von Rauch ausgesetzt. Es brauchte gut 200 Jahre, bis diese Technik den Weg nach Deutschland fand.

Wer den Zeitsprung wagen und seinen Gaumen mit so einem »flüssigen Schinken« bekannt machen will, hat zwei Möglichkeiten: Entweder er fährt in den Norden Bayerns, nach Franken, wo sich unzählige Kleinbrauereien der Moderne verweigert haben und bis heute am Rauchbier festhalten. Oder er reist ins Erzgebirge in die kleine Bergbaustadt Zwönitz. Dort wird eine sanft modernisierte Version ausgeschenkt, die den Gaumen mit einer bemerkenswerten Sensibilität, aber auch mit großer Überzeugungskraft an diesen extremen Bierstil heranführt. Die 1997 gegründete Gasthausbrauerei Zwönitzer hopft ihr Verqualmtes mit der neuseeländischen Sorte Southern Cross. Eine geniale Idee, denn diese produziert dezente Zitrus- und Fichtennadelaromen, die sich gegen den Anspruch des Rauchs auf Alleinherrschaft auflehnen und eine Koexistenz von Lagerfeuer-Feeling und würziger Waldluft durchsetzen.

Es wundert, dass die Craft-Beer-Szene mit allen denkbaren Zutaten experimentiert, sich auf das Thema Rauchbier aber nur punktuell einlassen will. Zu rustikal? Dem einen oder anderen Ale eine Schippe Rauchmalz mitgeben, damit es den Touch der guten alten Zeit bekommt – Leute, das kann nur ein Anfang sein!

Adresse Brauerei Gasthof Zwönitz, Grünhainer Straße 15, 08297 Zwönitz, Tel. 037754/59905, www.brauerei-zwoenitz.de | **Bierprofil** Rauchbier, Stout, India Pale Ale, Feieromd (Lager) | **Öffnungszeiten** Braugasthaus: Mo–Do 11–14 und ab 17 Uhr, Fr–So durchgehend ab 11 Uhr | **Bezug** Onlineshop auf der Website, deutschlandweit im Fachhandel | **Tipp** Beim traditionellen fränkischen Rauchbier wird das Malz mit Buchenholzspänen geräuchert. Weltberühmt sind das schwer schinkige »Schlenkerla« und die mildere Version der Brauerei »Spezial« – beide aus Bamberg.

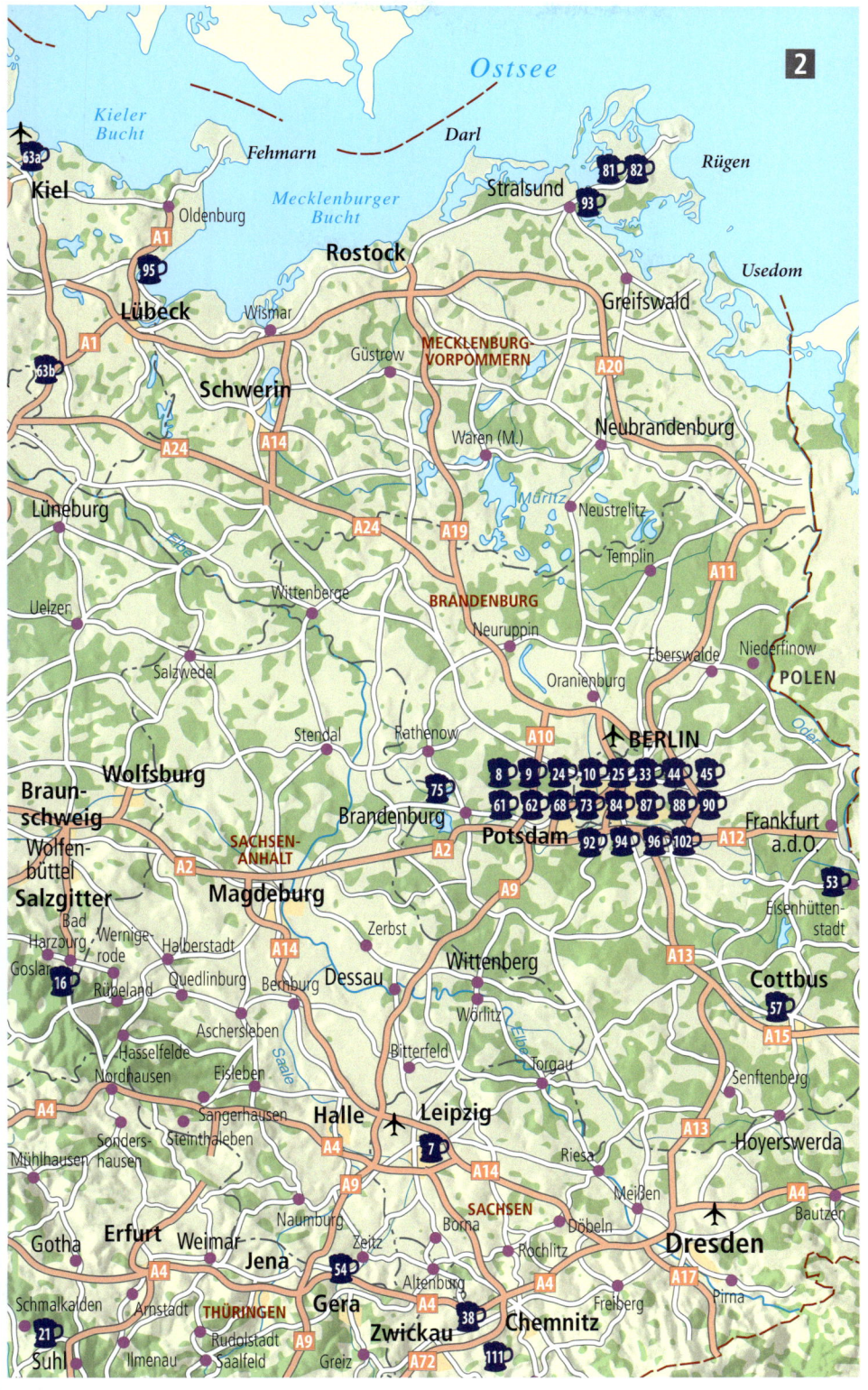

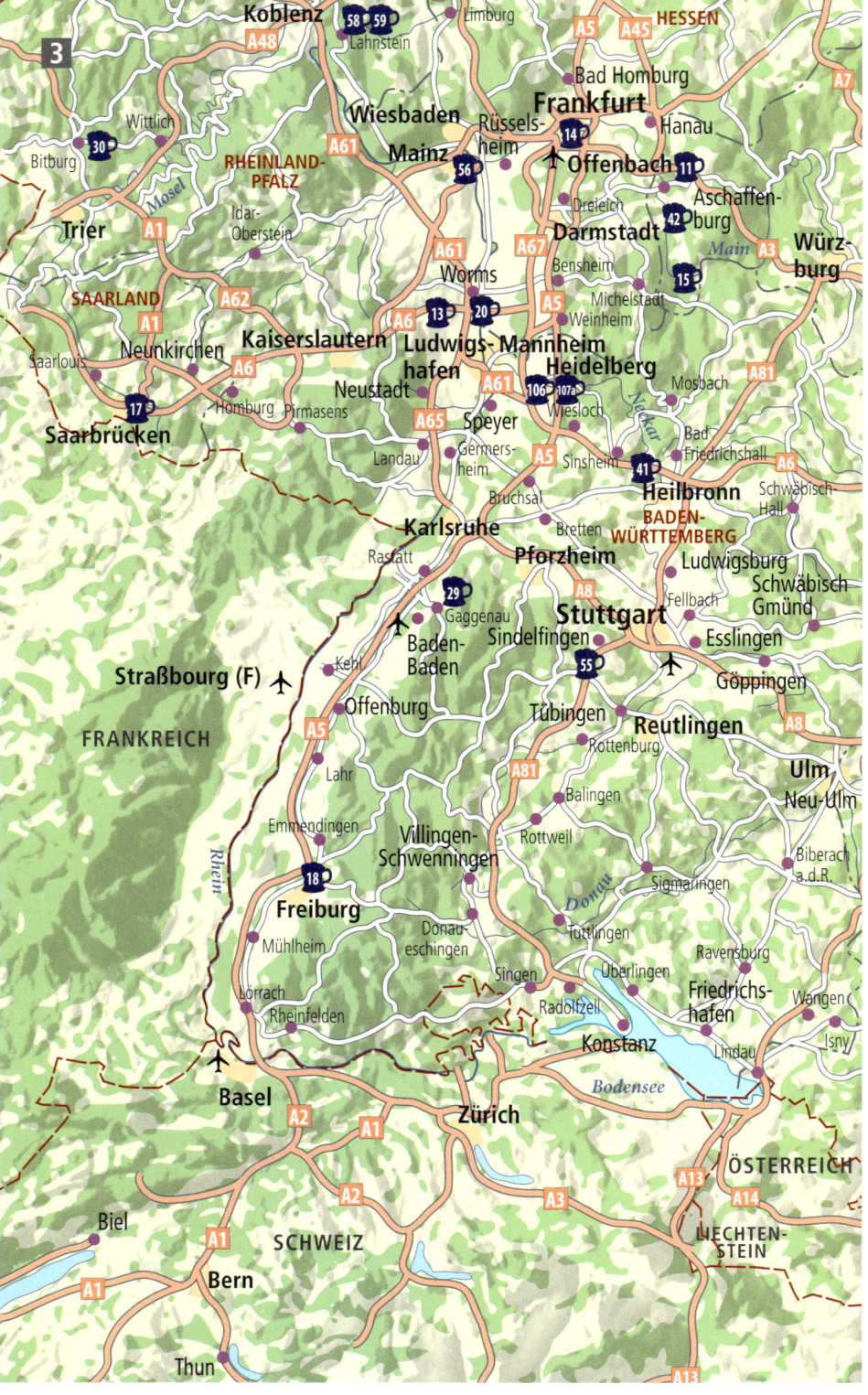

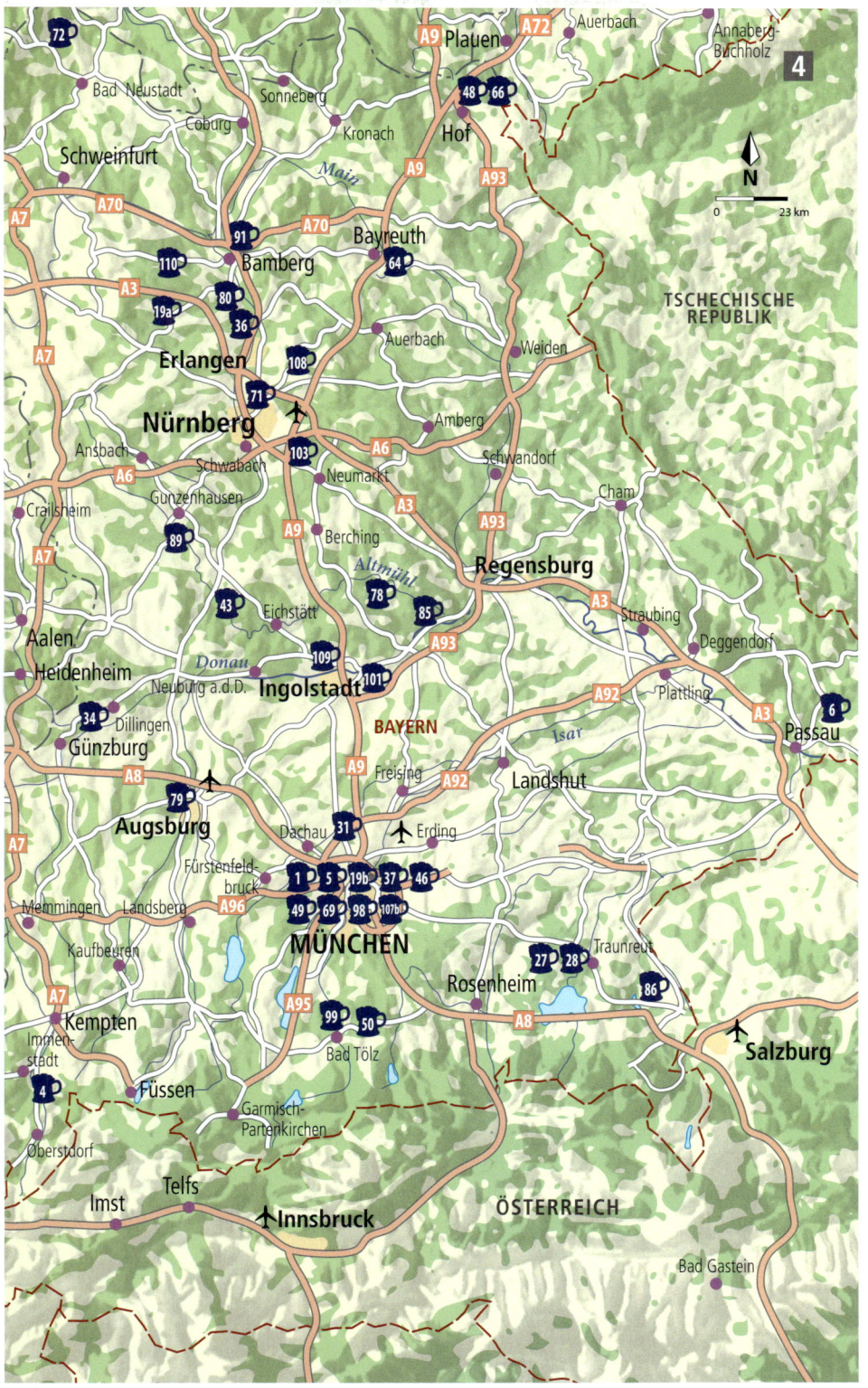

Giulia Castelli Gattinara,
Mario Verin
**111 Orte in Mailand, die
man gesehen haben muss**
ISBN 978-3-95451-617-9

Jo-Anne Elikann
111 Orte in New York, die
man gesehen haben muss
ISBN 978-3-95451-512-7

Rüdiger Liedtke,
Laszlo Trankovits
**111 Orte in Kapstadt, die
man gesehen haben muss**
ISBN 978-3-95451-456-4

Gerd Wolfgang Sievers
**111 Orte in Venedig, die
man gesehen haben muss**
ISBN 978-3-95451-352-9

Andrea Livnat,
Angelika Baumgartner
**111 Orte in Tel Aviv, die
man gesehen haben muss**
ISBN 978-3-95451-703-9

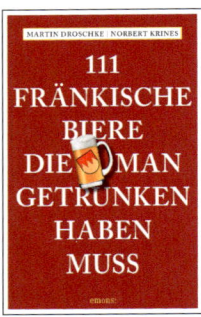

Martin Droschke, Norbert Krines
**111 fränkische Biere, die man
getrunken haben muss**
ISBN 978-3-95451-922-4

Marcus X. Schmid,
Halûk Uluhan
**111 Orte in Istanbul, die
man gesehen haben muss**
ISBN 978-3-95451-333-8

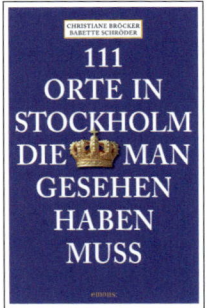

Christiane Bröcker,
Babette Schröder
**111 Orte in Stockholm, die
man gesehen haben muss**
ISBN 978-3-95451-203-4

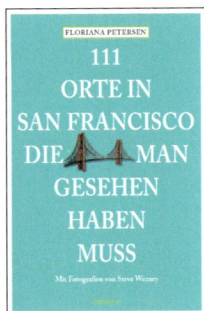

Floriana Petersen
**111 Orte in San Francisco,
die man gesehen haben muss**
ISBN 978-3-95451-750-3

Oliver Schröter, Falk Saalbach
**111 Orte in Zürich, die man
esehen haben muss**
ISBN 978-3-95451-538-7

Annett Klingner
**111 Orte in Rom, die man
gesehen haben muss**
ISBN 978-3-95451-219-5

John Sykes, Birgit Weber
**111 Orte in London, die
man gesehen haben muss**
ISBN 978-3-95451-117-4

Cornelia Ziegler,
Chris Sindermann
**111 Orte auf Kreta, die man
gesehen haben muss**
ISBN 978-3-95451-540-0

Susanne Thiel
**111 Orte in Madrid, die
man gesehen haben muss**
ISBN 978-3-95451-118-1

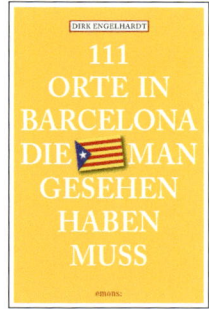

Dirk Engelhardt
**111 Orte in Barcelona, die
man gesehen haben muss**
ISBN 978-3-95451-066-5

Stefan Spath
**111 Orte in Salzburg, die
man gesehen haben muss**
ISBN 978-3-95451-114-3

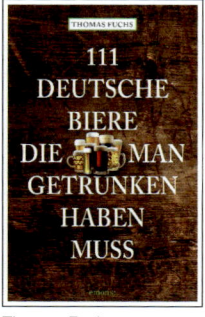

Thomas Fuchs
**111 deutsche Biere, die man
getrunken haben muss**
ISBN 978-3-95451-414-4

Peter Eickhoff, Karl Haimel
**111 Orte in Wien, die man
gesehen haben muss**
ISBN 978-3-89705-969-6

Bernd Imgrund,
Britta Schmitz
**111 Kölner Orte, die man
gesehen haben muss**
Band 2
ISBN 978-3-89705-695-4

Christine Izeki, Björn Neumann
**111 Orte in Tokio, die man
gesehen haben muss**
ISBN 978-3-7408-0117-5

Lucia Jay von Seldeneck,
Verena Eidel, Carolin Huder
**111 Orte in Berlin, die man
gesehen haben muss**
ISBN 978-3-89705-853-8

Rüdiger Liedtke
**111 Orte in München, die
man gesehen haben muss**
ISBN 978-3-89705-892-7

Lucia Jay von Seldeneck,
Verena Eidel, Carolin Huder
**111 Orte in Berlin, die man
gesehen haben muss**
Band 2
ISBN 978-3-95451-207-2

Bernd Imgrund,
Britta Schmitz
**111 Kölner Orte, die man
gesehen haben muss**
Band 1
ISBN 978-3-89705-618-3

Peter Eickhoff
**111 Düsseldorfer Orte, die
man gesehen haben muss**
ISBN 978-3-89705-699-2

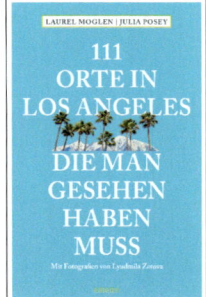

Laurel Moglen, Julia Posey,
Lyudmila Zotova
**111 Orte in Los Angeles, die
man gesehen haben muss**
ISBN 978-3-7408-0125-0

Rike Wolf
**111 Orte in Hamburg, die
man gesehen haben muss**
ISBN 978-3-89705-916-0

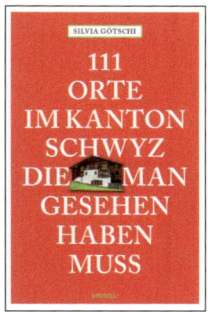

Silvia Götschi
111 Orte im Kanton Schwyz,
die man gesehen haben muss
ISBN 978-3-7408-0116-8

Cornelia Ziegler
111 Orte im Allgäu, die
man gesehen haben muss
ISBN 978-3-95451-343-7

Astrid Süßmuth
111 Orte im Werdenfelser
Land, die man gesehen
haben muss
ISBN 978-3-7408-0118-2

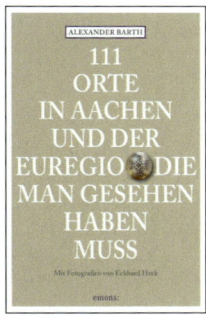

Alexander Barth,
Eckhard Heck
111 Orte in Aachen und
der Euregio, die man
gesehen haben muss
ISBN 978-3-89705-931-3

Gerald Polzer, Stefan Spath
111 Orte in Graz, die man
gesehen haben muss
ISBN 978-3-95451-466-3

Gerald Polzer, Stefan Spath
111 Orte in Oberösterreich,
die man gesehen haben muss
ISBN 978-3-95451-857-9

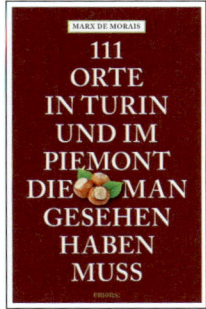

Marx de Morais
111 Orte in Turin und im
Piemont, die man gesehen
haben muss
ISBN 978-3-95451-736-7

Barbara Krull
111 Orte im Elsass, die man
gesehen haben muss
ISBN 978-3-95451-596-7

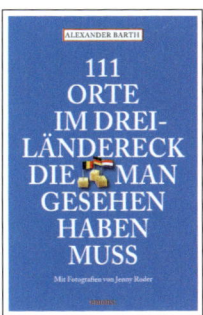

Alexander Barth,
Jenny Roder
111 Orte im Dreiländereck,
die man gesehen haben muss
ISBN 978-3-95451-316-1

Die Autoren

Martin Droschke, geboren 1972 in Augsburg, zog 1992 zum Studium der Philosophie, Pädagogik und Geschichte nach Nürnberg. Er arbeitete als freier Journalist und Literaturkritiker u. a. für den »Tagesspiegel«, die »taz« und die »Süddeutsche Zeitung« und lebt heute als freier Werbetexter und Autor in Coburg. Er beschäftigt sich seit einem Urlaub in Pilsen, der Geburtsstadt des gleichnamigen Bierstils, intensiv mit Gerstensäften und veröffentlichte bereits verschiedene Bücher zum Thema Bier.

Norbert Krines wurde 1973 im fränkischen Kulmbach geboren, der sogenannten »heimlichen Hauptstadt des Bieres«. Zum Studium der Germanistik, Sozialkunde und Geschichte wechselte er nach Bamberg, in die wahre Hauptstadt des Bieres, wo er als freier Autor und Dozent für Deutsch als Fremdsprache lebt. Seit 2001 ist er aktiver Heimbrauer. Im Januar 2011 startete er den Blog »Bier des Tages«, für den er jeden Tag ein Bier aus einer fränkischen Brauerei degustierte und beschrieb. Gemeinsam mit Martin Droschke veröffentlichte er 2016 den »Craft-Beer-Führer Franken«.